나만의 인생 만들기 프로젝트

책 쓰기는 나를 쓰기다

박혜정 · 김도인

지은이	박혜정 김도인
발행일	초판 1쇄 발행 2025년 11월 24일
발행인	김도인
펴낸곳	오프온북스
출판사	등록 제 2025-000137호[2025.10.24]
	서울시 송파구 삼학사로 19길 5. 301호
	offon1024@naver.com
편 집	박혜정
디자인	디자인 세움
ISBN	979-11-995793-0-9
값	17,000원

나만의 인생 만들기 프로젝트

책 쓰기는 나를 쓰기다

박혜정 · 김도인

오프온북스

추천사

AI가 글을 써주는 시대에 글쓰기 책이 나왔다. 인간이 더는 고민하지 않아도 순식간에 글이 쓰이는 시대가 되었다. 과연 이런 시대에 '글쓰기' 책이 필요할까? 하지만 기계가 물건을 찍어내듯이 글이 배설되는 시대일수록 깊은 글에 대한 목마름은 더욱 강렬해진다.

《책 쓰기는 나를 쓰기다》라는 제목처럼 이 책은 존재론에 기초한 글쓰기를 강조한다. 우리는 종종 '글을 쓴다'라는 행위를 기술의 문제로 오해한다. 하지만 글쓰기는 기술이 아니라 사람의 문제이다. 문장은 손끝에서 나오는 것이 아니라 가슴에서 흘러나오고, 글을 쓰는 것은 나의 두뇌로부터 무엇이 생산되는 것이 아니라 내 존재를 재탄생시키는 작업이라고 강조한다.

프리드리히 니체는 "쓰는 사람은 자신을 조각한다"라고 말했다. 글쓰기는 자기 정체성을 형성하고 재구축하는 '자기 양육'의 행위이다. 그런 점에서 이 책은 현대인들이 반드시 읽어야 할 책이다. 스마트폰과 AI가 지배하는 세상에서 현대인들은 '자신을 조각하는' 자가 아니라 '자신을 조작당하는' 자로 방치할 수밖에 없다. 하지만 글을 쓰기 시작할 때 진짜 나를 발견하고 거짓된 나를 분별할 수 있다.

책을 쓴다는 것은 단지 문장을 쌓아가는 일이 아니다. 몽테뉴가 말했듯 '나의 책은 곧 나'이다. 글쓰기는 날마다 새롭게 빚어지는 나를 발견하는 시간이며, 나를 성장시키는 시간이다. 저자인 김도인 선생님과 그의 제자 박혜정 님은 오랜 세월 동안 함께 책을 읽고 글을 쓰고 글쓰기를 전수하는 사명으로 살았다. 저는 몇 년 동안 김도인 선생님께 글쓰기를 배우고, 함께 글을 쓰면서 글에 대한 그분의 깊은 통찰과 사랑을 볼 수 있었다.

이 책이 자신을 찾아가는 인생의 여정 속에 있는 모든 분에게 하나의 나침반이 되기를 소망하며 기쁜 마음으로 추천한다.

권오국 목사, 이리신광교회 담임

『행복, 다시 정의하다』, 『복음, 삶으로 번역하다』, 『목회트렌드 2026』, 『설교트렌드 2026』 등

"액션(action)보다 위대한 것은 리액션(reaction)이다." 액션이 하루를 사는 일이라면, 리액션은 하루를 쓰는 일이다. 쓰기는 흔적을 남긴다. 곧 자기 자신에 대한 리액션이다. 어떤 이는 일 년을 돌아보며 "남은 것이 하루뿐"이라 말한다. 그 하루만큼만 자신을 기록했기 때문이다. 반면 어떤 이는 일 년을 온전히 남긴다. 자신에 대한 기록을 남긴 결과다.

사람은 누구나 자신의 흔적을 남기는 소망을 품고 산다. 그 흔적은 자신을 돌아보는 리액션에서 시작한다. 리액션이 좋은 사람은 자신을 발견하는 사람이다. 하지만 자신을 찾는 일은 쉽지 않다. 금처럼 잘 보이지 않는다. 때로는 찾았다고 생각한 것이 그저 발에 차이는 돌멩이에 불과할 때도 있다. 찾다 보면 어느 날, 진짜 자신을 만나는 순간이 있다. 그 순간이 바로 금맥이다. 금맥은 노력의 결과이자 리액션의 열매다. 자신의 삶을 진심으로 반응하며 써 내려간 사람만이 그 금맥을 품을 수 있다.

이 책의 저자는 그런 사람이다. 삶의 금맥을 찾아내고, 더 깊은 금맥을 향해 다시 도전한다. 하루를 기록하고, 그 하루들이 모여 나이테처럼 자신의 인생을 새긴다. 《책 쓰기는 나를 쓰기다》이 책은 삶을 향한 저자의 뜨거운 리액션이다.

당신의 인생에도 새로운 금맥이 흘러가기를 원하는가. 그럼 금맥이 흘러가고 있는 이 책을 펼쳐보기를 원한다.

허진곤 목사, 무주금평교회 담임

에세이 문예 신인상을 수상했다. 『설교트렌드 2026』, 『다음 역도 문학녘』, 『살리는 설교』, 『세상이 원하는 교회, 교회가 그리는 교회』 등

"책을 쓴다는 것은 나를 발견하는 여정이다."
이 책은 그 단순하지만 깊은 진리를 온몸으로 증언한다.
박혜정, 김도인 두 저자는 "책 쓰기는 곧 나를 세우는 일"이라는 선언을 중심으로, 글쓰기를 자기발견과 회복, 성장의 과정으로 재해석한다. 그들에게 책 쓰기는 단순한 기술이 아니라 "자신을 정직하게 마주하는 영혼의 훈련"이며, "타인을 살리기 위해 먼저 자신을 살리는 일"이다.

이 책을 읽다 보면 글쓰기의 주체가 '손'이 아니라 '마음'이라는 사실을 깨닫게 된다. 책은 이렇게 속삭인다. "책을 쓰면 자신을 만난다. 책을 쓰면 답이 없던 사람이 답이 있는 사람이 된다." 이 문장은 단순한 격려가 아니라 삶을 변화시키는 초대장이다.

《책 쓰기는 나를 쓰기다》는 자기계발서이면서 동시에 묵상집이다. 글쓰기 지침서이면서 인생 안내서다. 이 책을 읽는 동안 독자는 문장을 따라 자신을 쓰고, 자신을 읽고, 자신을 다시 설계하게 된다. 글을 쓰는 사람뿐 아니라, "자신의 인생을 다시 쓰고 싶은 모든 사람"에게 이 책을 진심으로 추천한다. 이 책은 책 쓰기를 통해

'나답게 사는 법'을 배우게 하는 가장 따뜻한 안내서다.

하상훈 목사, 하나교회 담임, 영적 습관 디자이너
『세상이 원하는 교회, 교회가 그리는 교회』

나의 인생에 책을 내겠다는 시나리오는 없었다. 하지만 책을 냈다. 꿈만 같았다. 믿기지가 않았다. 한 달 정도는 구름 위를 걷는 기분이었다. 책 쓰기는 누구나 할 수 있지만 아무도 할 수 있는 일은 아니다. 강원국은 "책을 쓴다는 것은 사랑에 빠지는 것이다. 나를, 혹은 누군가를, 또는 무언인가를 사랑하는 사람만이 책을 쓴다."라고 했다. 책은 사랑에 빠지지 않으면 쓸 수가 없다. 책을 쓰겠다는 마음으로는 부족하다. 책 쓰기에는 고통이 따르고 홀로 견뎌야 하는 시간이 있기 때문이다. 나를 정말 사랑한다면 책 쓰기를 시작해야 한다.

   책 쓰기에 대한 다양한 정의가 있다. 나의 글쓰기 스승이신 김도인 님과 박혜정 님이 공저한 《책 쓰기는 나를 쓰다》에서는 '책 쓰기는 나를 쓰기'라고 정의한다. 그 이유는 책을 쓰면서 자신을 돌아보고, 점검하고, 바라보는 시간을 갖기 때문이다. 자신을 만나고, 나를 나답게 만들기 때문이다. 전적으로 공감한다. 나도 글을 쓰면서 부끄러운 나를 만나기도 했고 괜찮은 나를 만나기도 했다.

내가 알고 있는 나를 만나기도 하고 내가 알지 못했던 나를 만나기도 했다. 책 쓰기를 통해 다양한 나를 만나면서 성장한 나를 발견했다. 《책 쓰기는 나를 쓰기다》는 나를 사랑하고 나를 쓰고자 하는 사람이 책을 어떻게 써 가야 하는지에 대한 좋은 안내서가 될 것이다. 나를 사랑하고 나를 쓰고자 한다면 책 쓰기에 도전해 보라.

이재영 목사, 〈아트설교연구원〉부대표
『동행의 행복』, 『희망도 습관이다』, 『감사인생』, 『설교트렌드 2026』, 『살리는 설교』, 『세상이 원하는 교회, 교회가 그리는 교회』 등

글을 쓴다는 것은 무엇일까? 단어를 고르고 문장을 다듬는 일? 아니다. 글쓰기는 나 자신을 마주하는 일이다.

김도인 작가는 나의 글쓰기 코치이다. 그분의 도움으로 『3040 심폐소생』을 세상에 내놓을 수 있었다. 그 과정은 단순히 한 권의 책을 완성하는 여정이 아니었다. 그것은 내 안에 묻혀 있던 이야기를 꺼내고, 나를 새롭게 발견하는 여정이었다.

이 책 『책 쓰기는 나를 쓰기다』의 제목이 바로 그 진실을 담고 있다. 우리는 글을 쓴다고 생각하지만, 사실은 글을 통해 '나'를 써 내려가고 있다.

이 책은 글쓰기 기술서가 아니다. 이것은 자신의 이야기를 발견

하고, 그 이야기를 통해 자신을 재발견하게 하는 안내서다. 두 저자는 화려한 문장보다 진실한 마음을, 기교보다 진정성을 가르친다. 그리고 그 과정에서 우리는 하나님이 우리 삶에 쓰신 이야기를 읽게 된다.

자신의 이야기를 책으로 남기고 싶은 사람, 글을 통해 자신을 정리하고 싶은 사람, 혹은 하나님 앞에서 진심으로 '나'를 표현하고 싶은 모든 이에게 이 책을 권한다.

글쓰기의 끝에 완성되는 것은 책이 아니다. 새로워진 나 자신이다.

손병세 목사, 더행복한교회 담임
『3040 심폐소생』, 『세상이 원하는 교회, 교회가 그리는 교회』

프롤로그

왜 나를 써야 하는가?

책 읽기는 교양을 쌓는 데 주목적이 있다. 많이 그리고 깊이 읽을수록 교양인이 될 확률이 높다. 책 쓰기는 개인 브랜드를 만드는 데 효과적인 수단이다. 지금 시대는 개인을 반드시 브랜드화해야 한다. 브랜드를 가지면 타인에게 인정받고, 사회적 영향력을 키울 수 있다. 그러나 책을 쓰는 궁극적인 목적은 단순히 브랜드화에 그치지 않는다. 자신을 자신답게 세우고, 자기만의 삶을 살아가기 위한 과정이기도 하다.

  책 쓰기는 자신을 세워가는 데 최고의 방법이다. 책이 자신을 지적으로 세우고, 인격적으로 세우고, 리더로 세운다. 자신이 세워지면 할 일 없던 사람도 할 수 있는 일이 생긴다. 별 볼 일 없던 사람도 소중한 사람으로 바뀐다. 전문가의 시대에 전문가로 살아간다.

책 쓰기는 자신을 세우지만, 타인도 세운다. 독자를 교양인으로 세운다. 인격적인 사람으로 세운다. 소수의 독자는 작가로 세워진다. 책을 씀으로 저자가 되고 책을 읽는 독자는 교양인이 된다. 책을 써서 자신이 작가가 됨은 물론, 독자가 작가가 되도록 도전하기에 책 쓰기는 버킷리스트여야 한다.

책 쓰기는 일차적으로 나를 세우기 위해 써야 한다. 책 쓰기를 나를 나답게 만들어준다. 이런 의미로 책 쓰기는 나를 쓰는 것이다. 책으로 내가 바로 세워지면 가정이 세워진다. 세상이 밝아진다. 타인에게 도움을 주게 되어 살고 싶은 세상을 만들게 된다.

책 쓰기는 나를 쓰다. 그것은 책을 쓰면서 자신을 돌아보고, 자신을 점검하고, 자신을 바라보는 시간을 갖기 때문이다. 책을 쓰면 전에 없던 나를 만들 수 있다. 불확실한 미래를 선명한 미래로 만들 수 있다. 책 쓰기를 통해 현재의 나를 사람답게 살게 한다. 나의 미래를 그린다. 그러므로 책 쓰기는 인생의 주춧돌 세우기와 같다.

어떤 사람은 책 쓰기를 지식, 삶의 경험 그리고 깨달은 것과 터득한 것을 중심으로 타인을 위해 쓴다. 타인을 위해 쓰기도 하지만 자신을 더 견고하고, 세상에 도움 되도록 하는 나를 쓰려 해야 한다.

  책 쓰기를 통해 나를 쓰는 과정을 거치면 내가 알지 못하는 나를 만날 수 있다. 내가 만나고 싶은 나를 만난다. 나를 보고 놀라는 나를 만난다. 책 쓰기를 통해 나를 쓰면 다짐한다. '이런 식으로 살면 안 된다', '더 잘 살아야 한다', '세상에 유익이 되는 사람으로 살아야 한다' 우리는 책을 쓰는 과정에서 멋진 인생을 위한 자신 탐구를 지속적으로 한다.

  나를 세우기 위해 책을 써야 한다. 책을 써서 원하는 나를 세우는 시간으로 삼아야 한다. 세상에서 원하는 나를 세우려 해야 한다. 책을 쓸 때 중요한 것이 있다. 보탤 것은 보태고, 뺄 것은 빼야 한다. 어쩌면 더 많은 것을 빼게 될 것이다. 빼는 과정에서 기쁨을 맛볼 것이다.

  책은 읽는 독자를 함부로 살게 하지 않는다. 세상을 바르게 살도록 이끈다. 삶을 어떻게 살 것인가를 질문하게 한다. 이런 시간은 독자를 세상에 필요한 사람으로 세운다.

  책 쓰는 시간은 자신을 만나기 위한 시간이다. 인생의 긴 퍼즐 중 자신만의 한 조각을 맞추어야 한다. 아주 작은 싱크홀이 있었다면 그 틈을 메꾸는 기회여야 한다.

  최고의 책 쓰기는 자신을 돌아보는 시간을 갖게 한다. 자신의 지적 부족을 절감하는 시간이다. 자기관리의 철저함을 깨닫는 시간이다. 이 시간을 통해 인생의 행복을 쌓는 법을 체득하는 시간이다. 문장력의 부족을 어떤 방법으로 채울지를 배우는 시간이다.

책 쓰기는 왜 해야 하는가?

나를 나답게 만들기 위해서 쓴다. 예전에는 글을 읽는 사람과 글을 읽지 않는 사람으로 나뉘었다. 지금은 책을 쓰는 사람과 쓰지 않는 사람으로 나뉜다. 나를 쓰는 작가인가 타인을 쓰는 작가인가로 나뉜다.

자신을 만나려면 책을 써야 한다

책을 쓰면 자신을 만난다. 책을 '꼭' 써야 할 이유는 없다. 하지만 자신을 만나려면 꼭 써야 한다. 자신을 성장시키려면 써야 한다. 행복한 삶을 살려면 써야 한다. 책을 쓰면서 자신을 만났다. 자신이 괜찮은 사람인 것을 알았다. 전에는 알지 못했던 자신을 발견했다. 아직도 멀었지만, 희망적인 구석이 있음을 깨달았다.

우리는 책을 쓸 때마다 '책을 왜 써야 하는가?'를 고민한다. 고민할 필요가 없다. 고민 없이 도전하면 소중한 나를 만난다.

첫째, 책은 자신을 발견하게 한다. 책 쓰기는 고통이지만 남는 게 있다. 진정성 있는 자신과 만난다. 어떤 작가는 책을 그만 써도

여한이 없다고 말한다. 우리는 그렇지 않다. 책을 쓸 만한 자격이 있어서 쓰는 것 아니다. 할 말이 많아서 쓰는 것도 아니다. 자신을 다듬어갈 수 있기에 더 쓰려 한다. 우리만 자신을 발견하는 시간을 갖는 것은 욕심이다. 독자도 소중한 기회를 얻길 바란다. 같이 책을 쓰면 좋겠다.

둘째, 개인 브랜드 시대이다. 요즘은 책을 쓰든 유튜브 등에 올릴 동영상을 만들든 해야 한다. 이왕이면 신뢰성 있는 책으로 개인 브랜드를 만들기를 소망한다. 어떤 사람은 유튜브 하다가 책을 쓴다. 어떤 사람은 책을 쓰다가 유튜브를 한다. 둘 중의 하나를 권한다면 책이다. 신뢰도는 책이 더 높기 때문이다.

책은 개인 브랜드의 대표 주자이다. 메이저 언론보다 힘이 센 것이 유튜브, 틱톡커, 블로거 등 개인 언론이라고 한다. 자신을 홍보하는 데 개인 SNS가 적격이다. 조금 홍보에 뒤처질지 모르지만, 책 쓰기는 가치가 있고, 좀 더 품격이 있다.

셋째, 자존감이 높아진다. 책을 쓰기 전에는 아무것도 아닌 것처럼 보인다. 책을 쓰면 뭔가 있는 것처럼 보인다. 자존감이 높아졌다는 반증이다. 자존감이 높을수록 많은 것을 이룰 수 있다. 많은 사람이 도전을 주저하는 것은 자존감 부족도 한몫한다. 책을 쓰면 자존감이 많이 높아진다.

넷째, 겸손해진다. 책 쓰기 전에는 세상을 다 아는 것 같다. 책을 쓰면 아는 것이 거의 없는 것처럼 느낀다. 자신의 부족을 절감한다. 이후로 저절로 겸손해진다. 겸손한 사람에게 미래의 희망이 보인다. 더 자신을 갈고닦으려 하기 때문이다.

책 쓰기는 나를 쓰는 시간이다. 나를 씀으로 자신을 지켜준다. 스스로 행복하다고 느낀다. 동시에 고통도 느낀다. 책을 쓰면 선명한 나를 발견한다. 이전보다 나를 세밀히 관찰한다. 쓰는 시간을 통해 자신만의 노력, 처절한 고독, 글이 써지지 않는 괴로움, 쓰고 싶은 간절함, 하지 않던 생각과 문장을 쓰기 위해 벌이는 사투 등을 만난다. 그러나 결국에는 완성했다는 나에 대한 기특함과 마무리의 환희를 만난다. 책이 출간된 후 자랑하고 싶은 마음에 입이 간지러워 살기 힘들다.

나를 쓰는 책 쓰기는 나를 살리는 약이다. 나를 나답게 만드는 보약이다. 시작도 하기 전에 패배한 것처럼 느껴질 수가 있다. 쓰기 시작하면 퇴고가 기다린다. 퇴고하기까지의 책을 써 내려가는 그 과정이야말로 자신이 살아있음을 증명해준다.

지금 책을 쓴다. 오늘도 책을 쓰고 싶다. 내일도 책을 쓰려 한다. 나만 쓰는 것은 미안하다. 독자와 같이 책을 쓰고 싶다.

이 책은 두 명이 썼다. 글쓰기를 가르치다가 만난 제자와의 책 쓰기다. 시작은 알바니아의 티라나에서 시작했다. 그 뒤 각자의 삶의 터전인 서울과 티라나에서 썼다. 줌으로 만나 생각을 나누고, 의견을 나누며 써 내려갔다. 비로소 완성했다.

 책을 쓰면서 나는 어떤 사람인지가 궁금했다. 소소한 기쁨을 주는 나를 발견하는 시간이 많았다. 자신의 성장과 모자람을 발견해 작은 슬픔을 느끼기도 했다. 쓰는 기간 행복을 누렸다. 이 책을 읽는 독자분들도 책쓰기로 행복하시길 바란다.

2025년 9월
서울에서 김도인 ✈ 티라나에서 박혜정

프롤로그

/ 차례 /

추천사   004

프롤로그   012

Chapter 1   책 쓰기는 나를 쓰기다

1. 책이 나를 만들게 하라   024
2. 나를 써라   034
3. 나를 낱낱이 파헤쳐라   045
4. 누구인지 알아라   053
5. 나의 한계 있음과 없음의 경계를 발견하라   060
6. 다른 책과 차별화시켜라   069
7. 머리로 쓰지 말고 마음으로 써라   077
8. 3권을 동시에 써라   083

Chapter 2   목적이 분명해야 결과가 선명하다

1. 책 쓰기를 위한 읽기를 하라   094
2. 주제 있는 글을 써라   101
3. 글쓰기를 버려라   108
4. '날마다'를 출발선으로 정하라   116
5. 독자를 고려하라   125
6. 저자를 위해 초고를 쓰고, 독자를 위해 퇴고하라   131
7. 기획 없이 쓰지 마라   138
8. 1초의 멈춤을 허락하지 마라   148

Chapter 3 책 쓰기가 인생 쓰기다

1. 행복한 인생을 만들어라   **160**
2. 현재와 미래의 길을 만들어라   **169**
3. 나만의 인생을 만들어라   **177**
4. 삶에 혁명이 일어나게 하라   **185**
5. 지금껏 찾지 못한 답을 찾아라   **192**
6. 살아낸 이야기를 써라   **198**
7. 킬러 콘텐츠를 만들어라   **204**
8. AI 시대에 맞는 컨셉을 만들어라   **214**

Chapter 4 책을 쓰면 나다운 삶이 펼쳐진다

1. 자신만의 길을 찾아라   **228**
2. 역량 있는 삶으로 바꿔라   **237**
3. 문해력을 완성하라   **245**
4. 나다운 책을 쓰면 독자가 행복하다   **253**
5. 파문을 일으켜라   **260**
6. 고개를 끄덕이게 만들어라   **269**
7. 눈물방울이 맺히게 하라   **276**
8. 나를 남겨라   **284**

에필로그   **294**

일러두기 *이 책에서는 '콘셉트'를 입말에 익숙한 표현인 '컨셉'으로 표기했습니다.

Chapter 1
책 쓰기는 나를 쓰기다

1 책이 나를 만들게 하라

책이 나를 살린다

죽음의 고비에서 나를 살린 것이 있다? 책이다. 당시 20대인 내가 볼 수 있는 것은 책과 텔레비전 그리고 종종 찾아오는 사람이었다. 투병하느라 홀로 방구석에 있으니 할 수 있는 것이 없었다. 텔레비전은 조금만 봐도 머리가 아파서 오래 볼 수 없었다.

아주 가끔 책을 읽었다. 신기하게도 책은 몸은 물론 머리까지도 아프지 않고 맑아지게 했다. 책 읽는 시간이 힐링의 시간이었다. 읽으면 읽을수록 행복이 쓰나미처럼 밀려왔다. 투병 기간이 책을 가까이하게 했다.

당시 읽은 책은 성경이었다. 투병 중이었기에 인문학책이 아니라 하나님의 책인 성경을 읽었다. 인문학 책은 가끔이지만 먼 친구였다. 생사고비의 갈림길에 있던 내게는 성경이 유일한 책이었다.

몸이 회복된 뒤 "성경이 나를 살렸다"라고 떠들고 다녔다. 당시 최고의 친구는 성경이었다. 나중에 성경과 함께 읽은 책은 소설, 역사, 에세이 등의 인문학 책이다. 책이 행복감을 느끼게 했다. 미래의 청사진을 그리게 했다. 책을 읽을 때마다 삶의 의욕이 불타올랐기 때문이다.

본격적으로 글을 쓰면서 분야를 망라한 책이 친구였다. 지금은 책 덕분에 살아간다고 자신 있게 말할 수 있다. 즉 나의 인생의 변곡점에 책이 있었다. 한 번은 성경이 나를 살렸다. 또 한 번은 인문학 책이 나를 살렸다.

한 친구가 하는 말이 요즘 세태를 정확히 보여준다. "난 핸드폰 하나만 있으면 하루가 빨리 가. 하나도 심심하지 않아. 핸드폰 가진 이후로 텔레비전도 보지 않는데 하루가 행복해"라고 말한다. 충분히 그럴 수 있다고 생각했다. 아쉬운 것은 책과도 함께 하지 않는 것이다. 친구도 책과 함께하면 좋겠다는 생각을 떨치지 못했다. 어떤 친구에게는 책 읽기를 권하니 책과 담쌓은 지 오래되었다고 자랑삼아 말한다.

책이 나를 살린다는 것을 경험한 것과 경험하지 못한 것과의 차이라는 생각이 든다. 나는 책 때문에 죽음에서 살았다. 예전에 어머니 친구를 우연히 만났는데 "너 아직도 죽지 않았어?"라는 반응이 왔다. 그 말이 충격이었다. 어머니 친구 말씀에 나는 당시 산송

장이었다고 하신다.

지금은 건강해져서 무명의 작가로 살아간다. 책은 나를 살렸고, 나를 살게 한다. 책 덕분에 잘 살고, 책이 나의 희망찬 미래를 만들어간다. 즉 책 때문에 만족스러운 삶을 산다.

나는 여행을 즐긴다. 여행 방법은 패키지여행이 아니라 자유여행이다. 아니 자유여행만을 고집한다. 그 나이에 뭔 자유여행이냐는 사람도 있다. 내게 자유여행이 여행의 맛을 느끼게 한다. 여행, 쉼, 여유, 글쓰기 등을 동시에 제공한다. 자유여행이 힘들기는커녕 만족 200%이다. 나의 자유여행은 독서, 글쓰기, 책 쓰기가 삼위일체를 이룬다. 책을 펼치고, 책 내용을 기록하고, 책을 쓰며 다니니 즐겁기가 끝이 없다. 심심할 틈이 1도 없다. 자유여행 중 눈에 띄는 것은 카페뿐이다. 책과 친구 하기 최적의 장소이기 때문이다. 책이 죽음 이후에서 삶으로 이끄니 책 외에는 보이는 것이 거의 없다. 책이 영원한 동반자이자, 안식처이자, 삶의 기폭제다.

성경은 죽음의 고비에서 나를 살려주었다. 인문학 책은 작가의 삶을 살게 해준다. 책은 나를 카페로 인도했고 세미나실로 데려다준다. 사람들이 묻는다. "매일 루틴이 같으니 삶이 지루하지 않냐"라고 묻는다. 제일 재미있어 지루할 틈도 없다. 매일 꿈까지 꾸게 해준다.

과거에도 책은 나에게 없어서는 안 되었다. 지금도 책은 나에게 없어서는 안 된다. 미래에도 책이 없으면 살 수 없다.

  과거에 책 읽기가 나를 살렸다. 지금은 책 쓰기가 나를 희망차게 살게 한다.

삶의 의욕을 넘치게 만들어준다

책은 삶의 의욕을 불러일으킨다. 비자발적인 것이 아니라 자발적인 의욕이다. 첫째, 읽을 책이 쌓인다. 나는 읽을 책이 차고 넘친다. 마땅히 둘 곳조차 없다. 책꽂이는 책으로 쌓여 있다. 방에도 몇 겹으로 책이 쌓여 있다. 책 구입하면 둘 곳을 찾는 것이 일상이 되었다. 읽을 책이 쌓이는 것은 거의 매일 구입이 이루어지고 있기 때문이다. 요즘의 나의 취미 중 하나가 중고 책 구입하기다. 당근이 책 마당이 되었다. 책을 구입하러 가는 발걸음은 가볍다. 책이 제 자리 찾기는 힘들지만, 마음은 큰 부자다.

  둘째, 쓸 책으로 차고 넘친다. 일 년의 책 쓰기 스케줄이 꽉 차 있다. 어떤 바쁜 지인이 이런 말을 한다. "저보다 더 바쁘게 사는 사람을 만나는군요." 일정이 발 디딜 틈조차 없다. 책이 자기를 써 달라고 순서를 기다리니 의욕적이지 않으면 안 된다. 꽉 찬 스케줄로 지루할 틈이 없다.

셋째, 삶에 생기가 돈다. 어떤 사람은 눈을 뜨는 게 무섭다고 한다. 나는 눈을 뜨는 것이 기다려진다. 늦게 잠자리 드는 것도 마다하지 않는다. 읽을 책이 많아 의욕적인 삶을 산다. 책을 손에서 놓을 수가 없으니 하루하루가 의욕으로 넘친다.

구입한 책이 어떻게 쓰였을까 기대함으로 손에서 책을 놓기 힘들다. 좋아하는 작가가 신간을 출간하면 책 구입한 뒤 발송을 기다린다. 책이 내게 어떤 궁금증을 줄지. 내 생각과 어떻게 다를지를 찾는 재미가 읽기에 의욕을 불태운다.

책은 삶에 의욕을 준다. 책 쓰기는 매일 나태하지 못하게 한다. 도리어 더 부지런할 수 없냐고 질문한다. 책 쓰기는 삶에 기대감을 준다. 미래를 희망으로 채운다. 책 출간 이후에 찾아오는 기쁨은 최고다. 밥을 안 먹어도 배부르다.

삶을 감사로 만들어준다

사람에게 필요한 것은 감사라고 한다. 감사에 균형이 필요하다. 인색하지 않고 남발하는 것이 낫다. 김애란은 《안녕이라 말했어》에서 감사를 남겨두지 않겠다고 다짐한다. "이 집에 돈은 놓아둘 수 있어도 감사 인사만은 남기고 싶지 않단 마음이 강하게 들었다."

감사는 남기면 안 된다. 감사는 할 수만 있으면 남발해야 한다.

내가 책 쓰기를 더 즐기게 된 것은 책이 출간되면 무한한 감사가 뒤따르는 데 있다. 그 이유는 많은 사람으로부터 도움을 받기에 그렇다. 책 쓰는 데 도움을 준 세상, 한국어, 자주 만나는 친구, 종종 만나는 지인, 편집자, 디자이너, 유통회사, 독자 등으로 감사가 넘친다.

책은 감사를 만들고, 남긴다. 감사를 재생산한다. 먼저 나에게 감사를 남긴다. 도움받은 사람에게 감사를 남겨야 한다. 감사의 말을 해야 한다. 열심히 살아오게 한 책에도 감사의 글을 남긴다.

책을 쓰면 감사가 폭발한다. 감사할 사람이 그렇게나 많은지 놀란다. 감사 인사를 할 사람이 이 정도로 많았는지 새삼 느낀다. 책을 쓰면 감사를 남겨둘 수 없다. 최대한 감사를 남발해야 한다. 이곳저곳, 여기저기에 마음껏 감사해 남기지 않아야 한다.

다음으로 감사가 재생산된다. 책을 쓰면 감사가 계속해서 만들어진다. 나의 삶에 감사가 재생산된다. 있던 감사가 더 많아지고, 없던 감사가 생긴다. 큰 것은 물론 작은 것에도 감사한다. 지나치는 강아지만 봐도 감사를 한다. 나에게 감사가 재생산됨으로 없던 행복감까지 밀려온다.

감사와 행복은 한 짝이다. 많은 사람은 소소한 것에서 행복을 느낀다. 노을이 질 때 한강 변에 누워만 있어도 행복하다. 비행기만

탈 기회가 주어져도 행복하다. 사람들이 대형 TV, 세탁기, 건조기 등을 구매하면 행복해한다. 상품이 아니라 베네피트(benefit, 편익)가 되기 때문이다. 그래서 감사한다.

책을 쓰면 행복하다. 책 표지만 봐도 행복하다. 책 제목만 봐도 눈물 날 것 같다. 책으로 인한 행복으로 감사도 쉴 새 없이 커진다.

유럽에서는 사람들이 감사하다는 말을 남발한다. 그들은 감사에 대해 도파민 중독된 것이라고 생각한 적도 있다. 입만 열면 '땡큐'라고 말한다. 분명히 땡큐 할 상황이 아닌데 땡큐라고 말한다. 감사 도파민에 중독되니 어떤 상황에서도 감사한다. 책을 쓴 이후 감사 도파민에 중독되어 감사가 삶의 일부분이 된다.

사람이 감사의 마음을 느끼는 것은 뇌 속에서 분비되는 신경전달 물질인 도파민 덕분이다. 사람은 도파민으로 인해 쾌락, 성취감, 동기부여, 보상감 등의 감정을 느낀다. 도파민으로 쾌락의 극치를 경험하듯 책을 쓰면 감사의 극치를 경험한다. 책은 삶을 감사 도파민 중독으로 더 풍성하게 만들어준다.

책은 삶에 밝은 미래를 만들어준다. 방황하는 미래가 아니라 희망찬 미래다. 사람은 미래가 보이지 않으면 방황한다. 그 방황을 끝맺게 하는 것 중 하나가 책 쓰기다. 지인 중 한 사람은 책을 쓸 때마다 감사하다고 말한다. 책 쓰기를 하다가 암도 이겼단다. 그러니 감사하지 않을 수 없을 것이다.

책을 쓰면 다른 사람과 비교를 멈춘다. 책을 쓰면 내가 할 수 있는 영역과 할 수 없는 영역이 명확해진다. 다른 사람과 비교할 필요가 없어진다. 늘 비교하던 내가 비교하지 않는 내가 된 것만큼 큰 감사는 없다.

답이 없던 사람이 답이 있는 사람이 된다

사람들은 두 가지 길을 가는 것 같다. 하나는 답이 없는 길이다. 다른 하나는 답이 있는 길이다. 많은 사람이 답이 없는 길로 간다. 그런 길로 간 후, 한마디 한다. "인재를 몰라보는 뭐 같은 세상!"

책을 쓰면 답이 없던 사람이 답이 있는 사람이 된다. 답을 찾는 사람에게 답을 알려준다. 답이 없던 사람이 답을 가진 사람이 된다.

답 없던 사람이 답 있는 사람이 된 것은 위대한 성취이다. 답 있는 삶을 살고자 하는 꿈을 이루려면 책을 쓰면 된다. 책이 나의 삶을 선물처럼 만들어준다.

친구가 한 말이 있다. "자신이 생각한 것, 선택한 길이 삶에서 답이 되는 길인 줄 알았고, 잘 될 줄 알았는데 그 반대였다"라고 말하며 회한의 표정을 지었다. 뒷말이 재미있었다. "나도 차라리 책을 친구삼고 책을 쓸걸"이라고 말한다. 우리는 자신이 가는 길이 답 있는 길이라고 확신한다. 그 생각이 옳아야 하는데 틀리면 당황스럽다.

내가 받는 질문 중 하나가 "요즘 운동을 하는가"이다. 다음 질문은 "어떤 운동 하느냐?"이다. 이런 질문하는 사람들은 행복이 건강에서 온다고 생각한다. 그 말은 맞다. 그 질문을 받으면 종종 되묻는다. "요즘 어떤 책을 읽느냐?", "책을 쓸 생각은 없느냐?" 그러면 책 이야기는 하지 말란다. 자신에게 불편한 질문은 남에게도 하지 않아야 한다. 그런 말을 하는 것은 일상의 주 관심사가 운동이기 때문이다. 질문받을 때마다 나에게 질문한다. '운동만이 삶의 답은 아니지 않은가?'

사람의 관심은 건강에 있는 것 같다. 나는 석촌호수 근처에 산다. 어떤 사람은 그 좋은 곳에서 운동하지 않는 것은 말도 되지 않는다고까지 말한다. 호수 근처에 호수는 하나이지만 카페는 무수히 많다. 나는 그 많은 카페 중 한 곳에 간다. 한 길에는 여섯 건물에 건물마다 카페가 있다. 나는 어쩌다 호수를 걷지만 수많은 카페에서 인생의 맛을 만끽한다.

나에게 운동을 강조하는 사람은 운동이 좋기 때문이다. 내가 책 쓰기를 말하는 것은 책이 좋기 때문이다. 책 쓰기를 하면 하루 시작이 활기차다. 하루가 지루하지 않다. 잡다한 생각이 사라진다. 글을 쓰기 위한 고민으로 정신 건강에도 최고다. 나를 행복하게 만들어주는 책을 읽고 책을 씀으로 일상이 행복 그 자체가 된다.

운동은 건강한 사람으로 만들어준다. 책 쓰기는 행복한 사람으로 만들어준다. 세상을 값지게 살 수 있는 사람으로 만들어준다. 건강을 위한 운동은 누구나 할 수 있다. 작가가 되기 위한 책 쓰기는 누구나 할 수 없다. 그래서 책 쓰기를 하면 답 있는 사람이 될 수 있다.

2 나를 써라

책 쓰기는 나를 쓰기다

책 쓰기는 나를 쓰는 시간이다. 책 쓰기가 나를 쓰기인 것은 나를 쓰면 나를 알 수 있기 때문이다. 나를 쓰면서 나를 알아가게 된다. 부족한 것을 채우고, 넘치는 것은 깎으면서 나를 하나씩 완성해 간다. 어떤 마음을 내려놓아야 할지, 어떤 생각을 더 해야 할지, 글의 어떤 것이 약점인지, 내가 어떤 컨셉의 책을 써야 하는지를 알기 시작한다.

책 한 권 썼다고 나를 완성할 수 없다. 책을 많이 썼다고 내가 완성되는 것은 아니다. 책 쓰는 것을 나를 쓰는 기회로 만든다면 나를 성숙시키기 위한 몸부림치는 시간은 된다. 조금 더 나를 나답게 만드는 데 도움을 준다. 이전보다 나를 더 잘 알 수 있다.

책 쓰기를 통해 나를 쓰면 책 쓰기 전보다 나를 잘 볼 수 있다. 장점이 더 잘 보인다. 단점을 제대로 파악할 수 있다. 이번 기회를 통해 단점을 보완하고 장점을 확장하여 나를 나답게, 한 조각씩 끼워놓을 수 있다. 내가 어떤 사람이 되어야 하는지 퍼즐 하나를 채워 넣게 된다. 책 쓰기를 통해 생각이 깊어지거나 넓어진다면, 나를 보는 안목이 확장된다면 책 쓰기는 성공적이다.

나를 쓰려면 책과 친해져야 한다. 글과 친해져야 한다. 그러나 책과 친해진다고 책을 잘 쓴다는 보장은 없다. 책이 잘 팔리는 것도 아니다. 그러나 내가 모르던 나를 보는 시간은 된다.

나를 쓰기 위한 책 쓰기라면 책 쓰기 완성에 실패할지라도 한 번 도전할 가치가 충분하다. 책 쓸 거리가 없더라도 책 쓰기를 고민해야 한다.

책 쓸 거리가 있다면 기필코 책을 써야 한다. 사람이 책을 쓰지 않는 것은 글을 쓰지 못해서라고 말한다. 쓸 말이 없다고 고민한다. 그럴 필요 없다. 글쓰기는 책을 쓰면서 배울 수 있다. 쓸 거리는 살아온 시간만큼 갖고 있다. 걱정하거나 주저하지 말고 책 쓰기에 도전해야 한다. 만약 쓸 말이 없으면 내가 생각하는 것, 나의 삶에 기억에 남는 것 중심으로 쓰면 된다.

나를 쓰는 것은 누구나 쓸 수 있다. 남을 쓰는 것이 어려울 뿐이다. 나를 쓰는 첫 단계는 어떤 글이라도 매일 쓰는 것이다. 일기는 나를 쓰는 첫 출발이다. 일기로 일상의 글쓰기를 하면 나를 쓰는 것이다. 많은 사람의 글쓰기는 나를 쓰는 것으로부터 시작한다.

일기에서 벗어나 본격적으로 책을 쓰면 나를 쓰는 것의 진면목이 드러난다. 나를 쓴다는 것은 내 생각을 쓰는 것이다. 동시에 내 마음을 쓰는 것이다. 내 생각 속을 들추어내면 쓸 것이 꽤 있다. 내 마음을 들여다보면 쓸 말이 많다.

관찰하기가 나를 쓰기다

나를 쓰기는 나를 관찰하는 것이다. 조선 시대 최고의 학자이자 천재, 율곡 이이의 학문적 성과는 관찰하며 읽기에서 비롯되었다고 김종원은 《문해력 공부》에서 말한다. 책 읽기도 관찰이 중요하다. 책 쓰기는 관찰의 총합이라 할 수 있다.

나를 쓰기 위한 책 쓰기는 자신 관찰이 중요하다. 자신을 관찰하면 쓸 책의 아이디어가 만들어진다. 자신이 무엇을 해야 할지 알 수 있다. 소설가 양귀자는 《모순》에서 자기의 생을 유심히 관찰하겠다고 한다. "지금부터라도 저는 내 생을 유심히 관찰하면서 살아갈 것이다. 되어 가는 대로 놓아두지 않고 적절한 순간, 내 삶의 방향키를 과감하게 돌릴 것이다. 인생은 그냥 받아들이는 것이 아니라 전 생애를 걸고라도 탐구하면서 살아야 하는 무엇이다. 그것이 인생이다……"

양귀자 소설가는 자신을 관찰하는 것이 생애를 걸고 탐구할 것이라고 한다. 인생이란 자기관찰 여부에 따라 어떤 인생이 되는가를 결정한다. 작가뿐 아니라 누구라도 자신 관찰을 중요하게 여겨야 한다. 책을 쓸 때는 더 자신 관찰에 시간을 투자해야 한다. 삶이란 관찰로 시작해 자신 관찰로 마친다고 할 수 있다. 책 쓰기란 자신 관찰로 시작해 자신 관찰로 마친다고 할 수 있다.

카페에 앉아 사람들의 행동을 관찰하는 것은 흥미롭다. 나를 관찰하면 더 흥미진진하다. 나의 낯선 모습을 발견한다. 이상하리만큼 신기한 행동을 한다. 내가 저렇게 행동하는지 놀란다. 자신 관찰을 시작하면 탐구욕이 불타오르기까지 한다.

책 쓰기는 내가 알고 있는 것 쓰기인 동시에 내가 나를 관찰한 것 쓰기다. 나를 관찰함으로 책 쓰는 방향을 잡을 수 있다. 목적이 선명하다. 그러므로 책을 쓸 때, 자신 관찰하는 시간을 많이 가지면 좋다. 책 쓰기가 최적의 자기 관찰시간이다.

책을 쓸 때 어떤 행동을 하는가, 어떤 습관이 있는가, 책이 안 써질 때 먼저 관심을 기울이는 것은 무엇인가, 생각이 멈추었을 때 그다음 생각은 무엇인가, 글쓰기에 몰입할 때는 어떤 시간, 어떤 장소, 어떤 상태, 어떤 자세인가 등을 더 자세히 알 수 있다.

나는 책이 써지지 않을 때 머리를 쥐어뜯는다. 책을 뒤적거린다.

이 책 저 책을 훑어본다. 근처 운동하는 곳에서 기구로 운동을 한다. 동네 한 바퀴 혹은 호수 한 바퀴를 돈다. 벤치에 앉아서 멍하니 앉아 있다.

나는 책 쓰기를 하면 자신 관찰을 더 많이 한다. 최근에는 글이 안 써질 때 친구와 통화를 한다. 동영상을 시청한다. 머리를 식힌다는 명분으로 하수이지만 바둑 한판을 둔다. 만약 글이 잘 써지면 돌고래 소리를 내지른다.

나를 관찰해야 하는 것은 어떻게 써야 하는 가의 방향을 잡기 위해서다. 책 쓰기로 나 책 썼다고 자랑하기 위해서가 아니라 나를 더 알고, 더 성장시키기 위해서이다. 나를 관찰하면 할수록 쓸 것과 쓰지 않을 것을 지혜롭게 구분할 수 있다.

책을 쓸 때 먼저 나를 관찰해야 한다. 그것이 책 쓰는 사람의 도리이다. 그리고 독자에 대한 예의이다.

생각하기가 나를 쓰기다

관찰하면 자연스럽게 뒤따라오는 것이 생각이다. 나는 생각하기 위해 관찰을 의도적으로 한다. 때로는 관찰하기 위해 생각하기도 한다. 사람, 사물 등 보이는 것을 생각하면 관찰로 되돌아간다.

나를 쓰려면 나를 생각해야 한다. 나와 관련 있는 것들을 생각해야 한다. 어떤 생각을 하느냐에 따라 어떤 책이 되느냐가 결정되기 때문이다. 생각할 때 할 수만 있으면 생각에 푹 빠져야 한다. 나를 생각하면 나를 쓸 수 있다.

책이 독자에게 울림을 주려면 책의 방향 설정이 먼저다. 책의 컨셉을 어떻게 잡아야 하는가, 묘사와 은유 사용을 어떻게 해야 하는가, 따뜻한 책을 쓸 것인가, 동기부여를 주는 책을 쓸 것인가 등이 구체화된다.

나를 쓰려면 생각해야 한다. 생각할 것은 내가 누구인가, 인생은 어떤 상황에 있는, 나의 지금 삶은 괜찮은가 등의 나를 만나는 시간을 가져야 한다. 생각의 초점은 나와 독자이다. 생각할 때 내가 바뀌게 된다. 타인의 인생을 바꿀 수 있다.

책 쓰기가 나를 쓰기가 되려면 심사숙고하며 생각해야 한다. 생각을 잘못하면 나를 쓰지 않고 타인을 쓴다. 타인을 쓰면 좋은 말도 하지만 상처를 주기도 한다. 책을 쓰려면 나를 먼저 생각하는 시간을 가져야 한다. 나의 정체성, 나의 세계관, 일상의 삶 등을 면밀히 분석하는 생각의 시간을 가져야 한다.

생각하면 나를 살리고 독자를 살리는 글을 쓴다. 그 책이 독자에게 동기부여, 도전, 행복, 기대감, 꿈 등을 준다. 만약 나를 생각하지 않은 채로 책 쓰기를 하면 좋은 책이 되지 않을 확률이 높다.

책 쓰기는 나를 생각하는 시간을 먼저 가져야 한다. 내가 무엇을 쓸 수 있고 무엇을 쓸 수 없는가를 생각하는 것이 아니라 독자에게 필요한 책인가를 생각해야 한다.

한동일은 《라틴어 수업》에서 학생들에게 미리 답을 알려주는 대신 생각해보게 한다. 그는 이런 시간을 학생들 머릿속에 '책장'을 마련하는 시간이라고 정의를 내린다. 생각하게 하는 것은 그는 책장을 가지고 무엇을 할 것인가, 내 인생을 어떻게 살 것인가에 대한 성찰로 나아가게 하는 데 목적을 둔다. 그에게는 자신을 생각하며 성찰하는 것이 수업의 궁극적인 목적이다.

한동일 교수가 학생에게 생각하는 시간을 갖게 한 것처럼 책을 쓰기 전에 자신의 현재 심정, 자신의 마음, 생각의 변화 폭 등을 성찰해야 한다.

작가마다 책 쓰는 동기가 다르다. 어떤 작가는 책 출간 후의 활동을 목표로 한다. 어떤 작가는 독자에게 도움을 주길 원한다. 어떤 작가는 자신의 성숙을 원한다. 동기가 어떠하든 나를 쓴다는 생각을 중심에 두어야 한다.

나를 쓰기 위한 생각을 하면 할수록 독자에게 도움을 준다. 독자의 인생을 바꿀 수 있다. 생각하기를 잘하기 위해 나와 생각이 다른 사람과 시간을 많이 보내려 해야 한다. 성향도 다른 사람을 만나는 것이 자기를 쓰는 데 도움이 크다. 그러면 독자가 생각하게 하도록 만든다. 이런 책이 독자에게 최고의 책이다.

나는 MBTI로 보았을 때, 내향 성향인 'I'이다. 'I' 성향을 지닌 사람을 만나면 편하다. 하지만 책을 쓸 때는 반대 성향을 지닌 사람을 만나려고 애를 쓴다. 반대 성향을 만나면 생각이 많아진다.

나와 다른 성향의 사람을 만나기가 어려우면 완전히 다른 상황과 맞닥뜨리게 되는 여행을 떠난다. 전혀 다른 상황이 생각하게 만든다. 여행지가 나를 생각하는 최적의 상황이다. 이런 상황을 의도적으로 만나 생각하는 것은 책은 다양한 성향의 독자와 만나기 때문이다.

'에코 체임버'(Echo Chamber) 현상이 있다. 이 현상은 소리가 울리는 에코(Echo)와 방을 뜻하는 체임버(Chamber)가 합해져 만들어진 단어이다. 우리말로 '반향실 효과'이다. 즉, 울리는 방에서 소리를 내면 자신의 소리가 메아리가 되어 돌아오는 것이다.

책을 쓸 때 자신과 비슷한 생각을 하는 사람과만 소통하면 점차 같은 생각만 하게 되므로 편향된 사고를 갖기 쉽다. 편향된 사고는 책 쓰기에 도움이 안 된다. 균형 잡힌 사고, 이질적인 사고를 해야 진정한 나를 쓸 수 있다. 책을 쓸 때는 때로 자신과 전혀 다른 성향과 이질적인 상황이 필요하다.

DH 로렌스의 〈사고 Thought〉라는 글은 생각을 사랑하라고 말한다.

"저는 사고를 사랑한다.
그러나 이미 존재하는 관념을 바꾸거나
왜곡하는 행위는 하지 않는다.

저는 거만한 장난을 경멸한다.
사고는 아무도 만나지 못한 미지의 삶을
의식 속으로 흘려보내는 것이며,
의식을 기준으로 삼는 말에 대한 시험이며,
삶의 본질에 대한 응시이고,
알 수 없는 것에 도전하는 것이며,
경험에 대한 진지한 생각으로 결론에 이르는 것이며,
계략이나 훈련 혹은 속임수가 아니다.

사고는 완전함 속에,
온전히 속해 있는 인간이다."

   나를 쓰려면 나를 생각해야 한다. 나를 생각하려면 나와 반대되는 생각도 즐겨야 한다. 그러면 다른 사람을 이해하는 폭이 넓어지고 다른 독자를 위한 책 쓰기가 된다.

질문하기가 나를 쓰기다

책 쓰기에 질문이 중요하다. 질문에 따라 책의 질이 결정된다. 챗GPT가 질문에 따라 답변이 달라지는 것과 같다. 질문이 중요한 것은 책 쓰기는 질문하는 시간이기 때문이다. 질문할 때 대상이 중요하다. 그 대상은 다른 사람이 아니라 나 자신이다. 나 자신을 향해 질문해야 한다. 나를 정확하게 쓰려면 질문으로 시작해야 한다. 질문이 나를 쓰기로 이끈다. 책 쓰기는 나를 쓰기일 때, 내가 알고 있는 것만 쓸 수 있다. 내가 고민한 것만 쓸 수 있다. 질문하면 알고 있거나 고민하는 것만이 아니라 미처 생각하지 못한 것까지 쓸 수 있다.

책 쓰기를 질문으로 써야 한다. 나를 쓰기 위한 질문을 던져야 한다. 나를 향한 질문은 나를 파헤치기 위해서이다. 나를 쓰는 삶이 인생이다. 인생이 인생다우려면 내가 어떤 사람인지 자주 질문해야 한다.

나는 쓰는 책이 어떤 대상의 독자에게 적합한지 가끔 질문한다. 그들이 보일 반응도 질문한다. 질문하지 않으면 나를 쓸 수 없다. 율곡 이이는 평생 "우리는 어떻게 살아야 하는가?"라는 질문을 하며 살았다고 한다.

나를 위한 질문이 독자를 위한 질문으로 이어진다. 이 책의 컨셉은 독자에게 도움이 되는가?, 독자가 삶에 어떻게 적용할 수 있는가?, 이 책은 독자를 통해 어떤 결과를 가져오기를 원하는지? 등을 질문해야 한다. 질문하되 구체적으로 해야 한다. 구체적인 질문에 독자는 섬세하게 반응한다.

 나를 향한 질문은 구체적일수록 좋다. 구체적인 질문으로 좋은 책이 출간된다. AI 시대에 제일 요구되는 능력 중 하나가 질문하는 능력이다. 구체적이고 세밀한 프롬프트가 AI의 양질의 답변을 이끌어내어 문제를 해결하는 것처럼, 책 쓰기를 하며 끊임없이 질문해야 한다. 질문하되 진솔하게 해야 한다. 진솔한 질문은 진정성과 감성이 담긴 답을 찾기 위해 공을 들이게 된다. AI가 쉽게 답을 내어주는 시대에서 책 쓰기를 통한 작가의 질문은 AI가 줄 수 없는 울림을 줄 것이다.

3 나를 낱낱이 파헤쳐라

책을 쓰려면 과거의 내가 필요하다

책을 쓰려면 과거가 바탕이 되어야 한다. 과거를 세밀하게 들여다보는 시간을 가져야 한다. 과거를 바탕삼는 것에는 두 가지 이유가 있다. 첫째는, 자신을 먼저 알아 타인과 세상에 공감하고 도움을 주기 위해서이다. 정민 교수는 《다산선생 지식경영법》을 통해 다산 정약용 선생의 학문하는 순서에 대해 다음과 같이 역설한다. "학문에는 자기를 위하는 위기지학爲己之學과 남을 위하는 위인지학爲人之學이 있다. 위기가 먼저고 위인이 나중이다. 수신제가가 있어야 치국평천하가 있는 것과 같다. 경전공부는 수기, 즉 내 몸을 닦는 위기지학이다. 그것은 안으로 수렴하는 공부다. 이를 통해 바탕이 서면, 그다음에는 밖으로 미루어 확장하는 치인 또는 안인安人의 위인지학으로 나아간다. 역사와 경세제민經世濟民의 공부가 그것이다." 학문의 순서가 먼저는 자신을 위해서이고 다음으로 타인을 위해서이다. 책 쓰기도 먼저는 위기지학이고 다음으로 위인지학이다.

공부가 위기지학이 되려면 과거를 들여다봐야 한다. 과거 없는 현재는 없기 때문이다. 책 쓰기가 위기지학이 되려면 과거를 알아야 한다. 내가 처음 글을 쓰기 시작했을 때 세상을 위해 글을 쓰겠다는 큰 꿈은 없었다. 나를 위한 글쓰기를 하고 싶었다. 순전히 나를 위한 글쓰기였다. 글쓰기 반을 열어 8개월간 자신의 과거를 들여다보는 글을 썼다. 65꼭지의 글을 썼다. 그 글의 마지막 문장을 쓰는 순간, 알게 되었다. 이제는 나 자신에게만 향하던 시선을 거두어 세상을 바라봐도 된다고 생각했다.

글이라는 도구를 통해 자신을 형성해오던 과거의 40여 년을 객관적인 시각으로 바라볼 수 있었다. 나의 아픔, 오해, 실수, 미움, 실패, 용기, 사랑이 깃들었던 상황과 순간으로 다시 들어갔을 때, 그때의 나를 이해할 수 있었다. 그때의 나를 안아줄 수 있었다. 자신의 못난 모습조차 인정할 수 있었다. 동시에 그 시간을 살아온 내가 이루는 현재를 긍정할 수 있었다. 곁에 있는 사람들을 이해하고, 세상을 이해하기 전에 자기 자신을 이해하는 것은 필수적인 과정이다. 자신조차 알지 못하면서 타인을 이해하고 사랑할 수 없다.

글쓰기는 기도와 같다. 기도에는 두 가지 종류가 있다. 자신을 위한 기도와 타인을 위한 기도이다. 자신을 위해 기도하기는 쉽다. 타인을 위해 기도하기는 어렵다. 자신을 위한 기도는 저차원적이지만, 타인을 위한 기도는 고차원적이다. 자신을 위해 기도할 거리가 없다면 자연스럽게 타인을 위한 기도에 집중하게 된다. 기도를 들어주시는 분이 자신을 온전히 책임지신다는 확신이 있다면 더는 자신을 위해 기도하지 않게 된다. 글쓰기도 마찬가지다. 자신의 과거를 온전히 들여다본 사람은 더는 과거에 연연하지 않는다. 앞으로 나아갈 자신만 남는다. 후회도, 미련도, 상처도 남지 않는다.

책을 쓰기 위해 과거의 자신이 필요한 두 번째 이유는 과거의 경험 때문이다. 책을 쓰기 위해서는 논증 거리로 수많은 예시가 필요하다. 자신의 과거 이야기는 좋은 예시가 될 수 있다. 다른 사람이 겪은 일보다는 작가 본인의 이야기가 제일 좋다. 독자는 작가가 직접 경험한 이야기로부터 자신도 할 수 있다는 동기부여를 받는다. 특별히 실패하고 아픈 경험이면 더 좋다. 독자의 마음에 더 깊이 닿을 수 있다.

책을 쓰려면 현재의 내가 필요하다

두 번째는 현재의 자신과 만나야 한다. 과거의 자신을 인정하고 긍정했다면 현재의 자신에 집중해야 한다. 책을 쓰기 위해서는 현재의 자신이 필요하다. 현재의 자신에 집중하면 자신이 무엇을 원하는가, 무엇을 쓰기 원하는가, 무엇을 공부하기 원하는가, 어떤 전문가가 되기 원하는가를 찾을 수 있다.

  나는 읽고 쓰다 보니 더 많이 쓰고 싶어졌다. '작가'라는 사람이 존경스러웠고, 나도 그 길을 걷고 싶었다. 새로운 시대에서 작가는 더는 특별한 사람만이 하는 것이 아님을 알게 되었다. 노력하고 공부하는 사람이면 누구나 작가가 될 수 있다. 몇 권의 책 쓰기 관련 책을 읽으면서 지금 당장 뭐라도 해 보자는 마음으로 카카오스토리 브런치 북 작가에 신청서를 내었다. 그동안 발행하지는 않고 작가의 서랍에만 보관해두었던 글이 몇 편 있었다. 나는 그 안에서 세 편을 골라서 제출했다. 작년, 재작년에만 하더라도 괜히 냈다가 통과하지 못하면 주눅이 들 것 같아서 시도하지 못했다. 올해는 만약에 떨어지더라도 나 자신에게 약이 되겠다는 생각에 도전해봤다. 3일이 지나자 연락이 왔다. 브런치 북 작가가 되었으니 글을 올리란다. 한 번에 통과하니 어안이 벙벙하기도 했다. 9권의 공저 책을 썼지만, 글을 써도 될 만한 최소한의 자격이 있음을 공식적으로 인정받았다는 생각에 작은 안도감을 느끼기도 했다.

  브런치에 글을 올리기에 앞서 몇 가지 등록해야 하는 일이 있었다. 내가 누구인지 사람들에게 소개하는 프로필을 다시 써야 했다. 나의 글이 어떤 목적을 가진 글인지, 내가 하는 일이 무엇인지 키워드 세 개씩을 골라야 했다. 그런데 문제가 생겼다. 많은 키워드 앞에서 무엇을 골라야 할지 선뜻 결정하지 못했다. 내가 쓰고 싶은 글에 대한 것은 교육인가? 육아인가? 글쓰기인가? 에세이인가? 자기계발인가? 독서인가? 문학인가?

내가 하는 일을 고르는 것은 더더욱 어려웠다. 나는 한국어 선생님, 글쓰기 선생님도 하니까 나는 선생님인가? 프리랜서인가? 몇 권의 책을 공저했는데 나는 작가인가? 확신을 가지고 선택하지 못했다. 내가 하는 일에서 확실하게 선택할 수 있었던 키워드는 웃프게도 '주부'뿐이었다.

그 순간, 알았다. 나는 나에 대해 아직도 잘 몰랐다. 나는 읽고 쓰는 삶으로 전환하면서 점점 내가 누구인지 알게 되었다. 2년 반 정도 되니까 이제는 내가 누구인지 잘 아는 것만 같았다. 그런데 막상 '나의 글을 통해 무엇을 말하고 싶은가'라는 질문에 직면했을 때, 선뜻 답할 수 없었다. 내가 정말 좋아해서 몰입할 수 있고, 사람들한테 알려주고 싶어서 몸이 근질근질하는 것이 무엇인지 아직도 모르다니. 글쓰기와 독서를 통해 나를 찾았다고 생각했다. 과거의 나를 만났는지는 몰라도 아직 현재의 나, 미래로 나아가야 할 나는 만나지 못한 것이다.

지금 자신이 제일 쓰고 싶은 책은 무엇인가? 현재 자신이 제일 열심히 하는 일은 무엇인가? 자신이 제일 잘하고 재미를 느끼는 일은 무엇인가? 몇 시간 동안 몰입할 수 있는 일은 무엇인가? 반드시 책을 써야 한다면 누군가에게 무슨 이야기를 들려주고 싶은가? 아직 불꽃이 남은 열정이 있다면 어디에 태우고 싶은가? 책을 쓰기 위해서는 현재의 자신을 만나야 한다.

책을 쓰려면 미래를 향한 자신의 니즈를 알아야 한다

책을 쓰기 위해서는 앞으로의 자신에 대해서 생각해야 한다. 자신이 쓴 책을 통해 어떤 활동을 이어가고 싶은지를 알아야 한다. 한 권의 책은 새로운 삶을 시작하는 열린 문이 될 수 있다. 나는 10년 후에 어떤 삶을 살고 싶냐는 김도인 선생님의 질문에 읽고 쓰는 삶에 도전장을 내밀었다. 10년이라는 시간은 누군가를 전문가의 반열에 올려놓을 수 있는 충분한 시간이다. 1년, 2년이면 몰라도 10년이라면 해 볼 만하지 않은가. 나는 독서와 글쓰기를 10년간 치열하게 하고 싶었다. 나를 발전시키고 타인을 돕고 싶다. 그게 내가 그리는 10년 후의 모습이었다. 이 책을 쓰는 지금, 나는 그 10년이라는 여정 중 4년을 축적했다. 앞으로 6년의 세월이 남았다. 나는 앞으로 6년 동안 읽기와 쓰기에 관련된 책을 쓸 것이다. 될 수 있는 한 많이 쓰는 게 나의 목표다. 나는 많은 사람이 글을 쓰고 많은 사람이 책을 쓰도록 돕고 싶다. 글쓰기와 독서로 나의 삶이 어떻게 변화했는가에 관해 쓰고 싶다. 아이들 양육과 교육에 관련된 책도 쓰고 싶고, 가족이 함께한 글쓰기에 관해서도 쓰고 싶다. 문학 작품을 통한 지혜 얻기도 쓰고 싶고, 세계사나 한국사처럼 내가 약한 분야를 공부해서 쉽게 책을 써보고 싶다. 알바니아에서 한국어 선생님으로 살아가는 이야기도 쓰고 싶고, 알바니아어에 담긴 생각 이야기도 쓰고 싶다. 집시 여성 문해력 사역에 관해서도 쓰고 싶다.

　이 글을 읽는 독자 여러분은 10년 후의 모습을 어떻게 꿈꾸는가? 10년 후에 당신은 어떤 모습으로 살아가는가? 100세의 기대 수명을 기대하는 요즘이다. 꿈꾸지 않았다면 이제 꿈꾸자. 미래를 계획해 보자. 미래의 모습을 꿈꾸는 것은 청소년만 할 일이 아니다. 다 큰 어른이 꼭 해야 할 일이 있다면 바로 미래의 자신을 꿈꾸고 소망하는 것이다. 그래야만 성장하는 어른이 된다. 그래야만 세상에 도움을 줄 수 있는 어른이 된다. 그래야만 다음 세대가 조언을 구하는 어른이 된다. 위화의 《인생》에서는 지혜로운 노인 푸구이에 대해서 다음과 같이 묘사한다. "푸구이 노인처럼 잊히지 않는 사람은 두 번 다시 만나지 못했다. 자기가 살아온 날들을 그처럼 또렷하게, 또 그처럼 멋들어지게 묘사할 수 있는 사람은 그 말고는 또 없었던 것이다. 그는 과거의 자신을 제대로 볼 수 있는 사람이었고, 자기가 젊었을 때 살았던 방식뿐만 아니라 어떻게 늙어가는지도 정확하게 꿰뚫어 볼 수 있는 사람이었다." 책을 쓰는 일은 푸구이 노인처럼 되는 일이다. 결국, 책 쓰기는 자신의 과거와 현재를 통해 미래의 자신을 부르는 일이다.

4 누구인지 알아라

나의 지적인 수준을 알 수 있다

책을 쓰면 가장 아쉬운 것이 있다. 공부를 더 해둘 걸, 독서를 더 많이 할 걸, 글쓰기에 관심가질 걸, 진즉에 책을 쓸 걸 등등 후회투성이다. 그중 가장 아쉬운 것은 지적으로 준비가 안 된 것이다.

나는 책 쓸 생각을 한 번도 해 본 적이 없다. 즉 지적 준비가 되어 있지 않았다. 책을 쓴 뒤 준비 부족으로 많이 고쳐 써야만 했다. 퇴고를 많이 했지만 잘 쓴 것인지 자신이 없었다. 결국, 출판사의 도움으로 지적인 부족을 메꿀 수 있었다.

책을 쓰려면 지적인 수준을 알아야 한다. 나는 책 쓰기를 한 뒤 나의 지적 수준이 형편없음을 직시했다. 이것은 독서의 부족이라 할 수밖에 없다. 지적 부족은 독서와 글쓰기로 메꿔야 한다. 특히 독서하기를 즐겨해야 한다. 가수, 화가인 방송인 솔비가 이런 말을 한다. "도둑이 들어

선글라스, 주얼리, 시계까지 총 2억 원을 털렸다." 그녀는 선글라스 모으는 걸 되게 좋아했는데 선글라스, 시계, 보석, 다 털렸다. 억울해서 자다가도 벌떡 일어난다고 호소했다. 그녀는 이 사건을 계기로 평소 즐기던 쇼핑을 끊었다. 사람이 열심히 살고, 돈을 열심히 벌어서 명품 사면 그걸 보상이라고 느꼈는데 이렇게 다 없어지니까 무의미하게 느껴졌다고 한다. 그 이후부터 그녀는 쇼핑하지 않는다. 도둑맞을 수 없는 건 뭘까 생각하다가 미술관에 다니고, 책을 읽었다. 그 뒤 삶이 완전히 바뀌었다. 서점에 가서 책을 보면서도 신기했다. 그렇게 10년이 지나니까 자신한테 남는 것들이 많다고 느껴졌다고 한다. 독서는 결코 잃지 않고 남기기만 한다. 인생은 의미 있는 것을 남기기 위해 사는 것이다. 솔비는 도둑을 맞은 뒤 자신이 누구인지 알았다. 그 뒤 독서로 남기는 삶을 살고 있다.

우리는 책 쓰기로 남기는 삶을 살아야 한다. 책은 내가 죽은 뒤에도 남아 있다. 고전은 몇천 년을 남아서 사람들에게 영향을 미친다. 그런 책을 써야 한다. 책을 쓰면 나의 지적인 수준이 적나라하게 드러난다.

책 쓰기는 자신을 아는 최적의 과정이다. 내가 책을 쓸 수 있는 수준이 있는가를 안다. 우리가 책을 쓸 때 자신의 지적인 수준을 아는 것으로 그치면 안 된다. 지적인 수준을 높이기 위해 무엇을 할 것인가도 고민해야 한다.

  책을 쓸 만한 지적 수준을 높이기는 쉽지 않다. 고민과 공부 그리고 절실함을 장착해야 한다. 지적 수준을 높이려면 할 것이 삶이 뒷받침 해줘야 한다. 김종원은 《문해력 공부》에서 지적인 삶이 무엇인가를 설명한다.

첫째, 일상에서 질문을 찾는다.
둘째, 일에서 질문을 찾는다.
셋째, 자연에서 답이 될 영감을 구한다.
넷째, 책과 삶을 오가며 끝없는 수정 끝에 답을 얻는다.

  생각을 멈추지 않고 위의 4단계 과정을 반복하며 산다. 네 단계를 반복하면 가능하다. 결국, 일상이 공부가 되는 남는 삶, 남기는 삶을 살아야 한다.

아는 것과 표현하는 것은 다르다

책을 쓰면 지적인 것에 관심이 높아진다. 지적 관심 높은 것으로 머물면 안 된다. 아는 것은 글로 표현할 수 있어야 책을 쓸 수 있다. 아는 것과 표현할 수 있는 것은 다르다. 책을 쓰려면 아는 것을 표현할 수 있어야 한다.

책을 쓸 때 머리에서는 많은 생각이 맴도는데 글로 표현되지 않을 때가 많다. 책을 쓸 때 고민거리 중 하나가 표현력이었다. 남다른 표현력이다. 한강처럼 명문장을 쓸 수 있는 능력이다. 책을 쓰려면 지력, 사고력, 어휘력, 표현력, 은유 사용 능력 등이 필요하다. 가장 어려운 것이 적절한 표현력이다.

나는 사람들을 가르친다. 사람들을 가르치다 보면 "나 저것 안다", "잘 할 수 있다"라고 하는 말을 듣는다. 사람이 안다는 것의 정의에 따라 아는 것이 다를 수 있다. 내가 안다고 생각하는 것과 그것을 타인에게 표현하는 것은 완전히 다르다. 그 대상을 온전히 알지 못하면 표현이 안 된다. 완벽에 가깝게 알 때 누구나 이해할 수 있는 표현할 수 있다. 책을 쓰려면 아는 것을 표현할 수 있어야 한다.

쓸 수 있는 것과 쓸 수 없는 것을 알게 한다

쓸 수 있고 없고는 내면에 무엇이 들었는가에 달려 있다. 폴 J. 마이어의 《사람들이 어떻게 살든 나는 행복해지기로 했다》에서 부랑자였던 주인공 피터는 랜돌프를 만나 유능한 사람이 된다. 그 이유는 자신의 내면에서 잠재된 능력을 끄집어냈기 때문이다. "앤더슨 씨는 열변을 토하고 있는 랜돌프를 뚫어져라 쳐다보았다. 마치 랜돌프의 눈 속에 자신이 찾고자 하는 해답이 들어 있기라도 한 듯…. 랜돌프는 차분한 목소리로 말을 이었다. "자신의 내면에서 그것을 끄집어낸 사람은 모두 각자의 분야에서 성공을 거두었소. 결코 행운에 기댄 것이 아니오. 어떤 사람은 그것을 깨우지 못해 자신의 황금 같은 시기를 의미 없이 흘려보내지만 어떤 사람은 유년기 때 어머니의 무릎을 베고 놀면서 그것을 발견하기도 하오. 그것은 카네기를 만들었고, 우드로 윌슨을 만들었소. 그것은 에디슨을 시대의 위인으로 만들었고, 허약한 경리사원을 금융 황제로 만들었단 말이오. 그것이 바로 거리의 부랑자였던 피터를 이 호텔 스위트룸으로 끌어올린 것이오. 당신 안에도 분명히 있는 '그 무엇'이 말이오."

책 쓰기란 내면의 것을 끄집어내는 작업이다. 자신의 내면만이 과제가 주어지거나, 해야 할 일을 만났을 때 할 수 있는 가의 여부를 안다. 외적으로는 할 수 없는 것처럼 보이지만 내면은 할 수 있다. 외적으로는 할 수 있는 것처럼 보이지만 내면은 할 수 없다. 즉 내면에서 쓸 수 있는 것과 쓸 수 없는 것이 판가름 난다.

글을 쓸 때 제목만 봐도 할 수 있음과 할 수 없음을 안다. 책의 소제목만 봐도 쓸 수 있음과 쓸 수 없음을 안다. 내면으로 아는 데 시간이 오래 걸리지 않는다.

나의 한계를 명확하게 안다

책을 쓰면 자신의 한계가 선명해진다. 책 쓰기 전에는 몰랐던 자신의 한계가 바로 밝혀진다. 한계를 안 뒤부터 다른 저자의 책의 탁월함을 안다. 다른 저자와 나와의 내용의 차별성이 명확해진다. 책 쓰기를 가르쳐보면 어느 정도 수준의 책이 되어 나올지 안다. 책 쓰기 코칭하기 위해 한 번 만나 대화하면 책을 쓸 수 있는지를 저절로 알게 된다.

책을 쓰려면 한계를 알아야 하지만 동시에 한계를 돌파하려 해야 한다. 책 쓰기는 한계에 대한 도전이기 때문이다. 김병완은 《김병완의 책 쓰기 혁명》에서 자신에게 쓰기는 언제나 한계에 대한 도전이라고 말한다. "쓰기는 언제나 한계에 대한 도전이었다. 어제도 그랬고, 오늘도 그랬다. 그리고 내일도 그럴 것이다. 쓰기는 항상 한계에 맞닥뜨리게 한다. 하지만 그것이 쓰기의 본질을 더욱더 위대하게 만든다. 그 이상도 그 이하도 아니다. 하지만 그래서 쓰기는 위대하다." 그는 한계에 대한 도전이 쓰기이지만 그 쓰기는 위대하다고 말한다. 우리는 위대한 쓰기의 도전을 통해 내가 누구인지 알 수 있다.

　책을 쓸 때 자기 한계를 알아야 한다. 동시에 한계를 느껴야 한다. 한계를 느낄 때 바닥을 치고 올라갈 일만 남기 때문이다. 나는 10년 동안 책을 읽을 때의 마음은 절망의 밑바닥이었다. 더 이상 내려갈 곳이 없었다. 절망의 밑바닥에서는 희망이 보이지 않는다. 죽기 살기로 더 읽기만 했다. 읽기를 통해 한계를 절감했지만, 한계를 정하지 않았다. 그 한계를 치고 올라가겠다는 생각뿐이었다.

　우리는 책을 쓸 때 한계를 알아야 한다. 동시에 그 한계를 돌파하려 해야 한다. 마지막으로 한계에 갇히지 말아야 한다. 한계에 갇히면 책을 쓸 수 없다. 지금 자신을 있는 그대로 받아들여야 한다. 그대로의 자신을 받아들이면서 책 쓰기에 도전해 한계를 뚫어야 한다. 자신을 스스로 격려하고, 깨우며 나아가야 한다. 책 쓰기의 결과는 다른 사람이 아니라 당신 내면 안에서 결판이 난다.

5. 나의 한계 있음과 없음의 경계를 발견하라

안주하던 자신과 이별해야 한다

책 쓰기는 하나의 큰 도전이다. 안 쓰던 사람이 쓰는 사람으로 변화하는 것도 큰 일이지만, 책이라는 공적인 매체를 쓰는 것은 더 큰 도전이다. 책 쓰기라는 도전을 받아들인 사람은 안주하던 자신과 이별하게 된다. 책을 쓰기 위해서는 많은 다짐, 계획 그리고 도전이 필요하다. 이전의 생활과 완전히 다른 삶을 살아야 한다. 책 쓰기는 삶의 균형을 흔드는 일이다. 온전히 몰입해야만 가능하다.

 책을 쓰기 위해서는 익숙하던 자신과 이별하고 새로운 자아를 장착해야 한다. 그러기 위해서 이별할 것과 이별해야 한다. 첫째, 놀고 싶고 쉬고 싶은 자아와 이별한다. 책 쓰기는 지리한 싸움이다. 자신과 끊임없이 싸워서 이겨야 한다. 나는 지금도 이 글을 쓰다가 글이 손에 안 잡혀 페이스북 앱을 눌렀다. 짧은 동영상을 하릴없이 보다 보니 30분이 흘렀다. 정신이 퍼뜩 들었다. 소중한 시간을 허비해 버렸다는 자괴감을 느낀다. 종종 놀고 싶다는 생각이 든다. 쉬고 싶다는 생각도 든다. 삼십여 개의 제목에 맞는 글을 쓰다 보면 지칠 때가 있다. 그렇다고 무작정 쉬기에 돌입하면 안 된다. 쉴 때도 계획이 필요하다. 글을 쓰는 흐름을 놓치지 않기 위해 노력해야 한다.

나는 중국어와 알바니아어를 배웠다. 이 두 언어에 '뇌'에 대한 재미있는 표현이 있다. 중국어에서는 생각을 잘 못 한다는 표현을 '뇌에 물이 들어갔다'라고 표현한다. 알바니아어에서는 '뇌가 나를 떠나갔다'라고 표현한다. 글을 쓸 때도 이 표현이 딱 들어맞을 때가 있다. 아무리 애써도 좋은 생각이 나지 않을 때, 진부한 글을 쓰고 있는 것 같을 때, 글이 손에 잡히지 않을 때가 그렇다. 그럴 때는 잠깐 뇌를 쉬게 해야 한다. 분위기를 바꿔주는 것이 필요하다. 재미있는 드라마나 영화를 본다든지, 음악 감상을 한다든지, 산책이나 여행을 한다든지, 친구를 만나 맛있는 음식을 먹고 대화의 시간을 갖는 것도 좋다. 책 쓰기 도중의 쉼은 '포기'로 이어지지 않도록 적절해야 한다. 다음 글쓰기를 향한 일시 멈춤 정도로 해줘야 한다. 마냥 쉬고 싶은 자아와의 이별은 필수다. 마음껏 쉬는 순간, 책 쓰기는 길을 잃는다.

둘째, 매일 하지 못하는 자아와 이별한다. 운동이든 독서든 글쓰기든 간에 세상에서 제일 어려운 것이 매일 하는 것이다. 아주 짧고 간단한 것도 매일 하는 것은 힘들다. 매일 무언가를 할 수 있는 사람은 대단한 사람이다. 나는 중학생 때부터 작심삼일을 3일마다 하면 된다고 생각했다. 그러면 작심삼일이 계속해서 이어져서 매일 할 수 있다고 여겼다.

  책 쓰기도 작심삼일을 3일마다 하는 것이 필요하다. 쓰기와 읽기가 끊어지지 않도록 하는 것이다. 어떤 작가는 매일 쓰는 행위를 이어가기 위해 글이 안 써지는 날에도 한 문장이라도 쓰려고 노력했다고 한다. 한 문장을 쓰면 두 문장을 쓰게 된다. 그게 쓰기의 힘이다. 책을 쓰기로 결심했다면 매일 하는 사람이 되어야 한다. 집중, 지속, 반복만이 책 쓰기를 완성하게 한다.

자신의 무지를 깨닫는다

룰루 밀러는 《물고기는 존재하지 않는다》에서 버지니아대학 철학과 교수인 트렌턴 메릭스의 사상을 소개한다. "그의 요지는 단순하다. 인간의 정신이 세상을 조각해내는 일을 늘 그렇게 잘하는 건 아니라는 것, 우리가 만물에 붙인 이름들은 잘못된 것들로 드러나는 경우가 많다는 것이다. '노예'는 인간보다 낮은 위치에 있는, 자유를 누릴 가치도 없는 존재였던가? '마녀'는 화형을 당하는 게 마땅한 존재들이었나? 겸손을 유지하라는 것, 우리가 믿는 것들, 우리 삶 속 가장 기본적인 것들에 대해서도 늘 신중해야 한다는 걸 되새겨보게 해주는 사례인 것이다." 우리가 붙인 이름들이 틀릴 수 있다는 그의 말은, 글을 쓰는 행위가 단지 정보를 나열하는 것이 아니라, 세계를 다시 바라보는 작업임을 일깨운다. 아무런 의심 없이 그것이 맞다고 여기는 것들이 수두룩하다. 곰곰이 생각해보지 않고서는 알아챌 수 없는 것들이 많다.

인간은 창조자로서 수많은 현상을 정의하고 이름을 붙였다. 그렇지만 그것이 다 옳지는 않다. 그 시대와 상황, 맥락 속에서 참이라 여겨졌을지라도, 현재를 사는 우리는 그것을 재해석해야 한다. 옳고 그름을 따져봐야 한다. 굳이 그 일을 하지 않아도 잘 살 수 있을지도 모른다. 모르는 게 속 편할 수 있다. 그러나 트렌턴 메릭스 교수의 말대로 우리가 앞으로 나아가기를 원한다면 그 '생각'을 해야만 한다.

'자신이 다 알지 못한다, 자신이 아는 것이 틀릴 수 있다'라고 인정할 때 배울 의지도 생겨난다. 책을 쓰면 저절로 자신의 무지를 깨닫게 된다. 아무리 자신 있는 분야에 대해서 글을 쓴다고 하더라도 책이라는 공적인 글로 남게 될 때는 검증에 검증을 거듭해야 한다. 이 작업을 거듭할수록 자신의 무지가 드러난다. 다 알고 있었다고 생각한 것이 착각이었음을 깨닫게 된다. 벼는 익을수록 고개를 숙인다는 말이 있다. 조금 아는 사람은 교만하다. 많이 아는 사람일수록 겸손하다. 자신의 불완전함을 인정하기 때문이다. 책 쓰기를 한 사람치고 교만해지는 사람은 없다. 겸손이 더해질 뿐이다.

새로운 정체성을 입는다

책을 쓰기로 결심하는 순간부터 새로운 정체성을 갖게 된다. 정체성은 중요하다. 정체성이 바로 잡혀야 잘 쓸 수 있다. 나를 포함한 독자 여러분은 여러 가지 이름의 정체성을 갖고 있을 것이다. 혈연관계 속에서, 하는 일 가운데서 정체성을 얻는다. 책을 쓰면 탐구자라는 새로운 정체성을 가지게 된다.

책을 쓰는 사람은 저절로 탐구하게 된다. 탐구하지 않으면 책을 쓸 수 없다. 자신이 보고 듣고 느끼는 모든 것에 자신이 쓸 책의 주제를 연결해서 생각한다. 그렇게 하다보면 창의적인 자신만의 생각이 탄생한다.

책을 쓰기 위해서는 자신이 쓰고 싶은 분야의 공부를 해야 한다. 수박 겉핥기식의 공부가 아니라 진짜 공부를 해야 한다. 2025년 7월 7일 자 〈뉴요커〉에는 인공지능이 대학의 글쓰기 교육을 어떻게 파괴하고 있는지에 대한 글이 실렸다. 대략의 내용은 이렇다. 요즘 대학생들은 AI 검색을 통해서 리포트 과제를 한다고 한다. 알렉스라는 학생은 인문학 수업 두 편의 에세이를 작성하는 데 30분에서 1시간 정도 걸렸는데, 클로드의 도움이 없었다면 8~9시간은 걸렸을 것이라고 했다. 그는 "아무것도 기억나지 않아요."라고 했다. "두 에세이 중 어느 것도 논점을 제대로 말할 수 없었어요." 그렇지만 그는 결국 A-와 B+라는 성적을 받았다. AI의 출현과 함께 많은 사람이 더 쉽게 글을 쓸 수 있게 되었다. AI로 쓴 책도 출간되고 있다. 크게 반길 일은 아니다. 정보의 검색과 조합은 누구나 손쉽게 할 수 있지만, 그것에 대해 잘 안다고 말할 수 있는 사람은 줄어들고 있다.

우리에게 필요한 것은 정보를 삶에 녹이는 것이다. 정보를 자신의 삶에 녹이고 타인의 삶과 세상에 유용한 것이 되게 하기 위해서는 정보를 자신의 것으로 만드는 경험과 그 안에서 발견한 지혜가 필요하다. 글을 잘 쓰는 방법이나 책 쓰는 요령 같은 것은 얼마든지 AI가 알려줄 수 있다. AI가 목차도 짜주고 AI가 프롬프트의 구체적인 조건에 맞게 글을 써 줄 수도 있다. 그래서 본인이 얻는 것이 무엇인가? 그것을 진실로 안다고 말할 수 있는가? 그것을 진실로 경험해 봤다고 말할 수 있는가? AI를 의존한 사람은 AI를 권할 수밖에 없다. 엉덩이를 붙이고 생각의 실마리를 찾아내기 위해

끙끙거려봐야만 지식이든지 정보든지 자신의 것이 된다. 세상에 애쓰지 않고 얻어지는 것은 하나도 없다. 책 쓰기는 AI 시대에 진정한 탐구자가 되게 한다.

해냈다는 경험이 삶을 바꾸어준다

책 쓰기는 어려운 일이다. 하고 싶어서 쉽게 달려들었다가도 두 손 들고 물러서는 사람이 많다. 자신의 주변을 한 번 둘러보기 바란다. 책을 쓴 사람이 얼마나 있는가? 해외로 유학도 다녀오고, 석·박사 논문도 썼지만, 자신의 이름 석 자가 박힌 책을 쓴 사람은 찾아보기 어렵다. 대학의 교수들도 책 쓰기는 어려워한다고 한다. 대학교수도 어려워하는 일을 우리가 해낼 수 있을까? 내가 해낼 수 있을까? 싶다.

책 쓰기는 내가 할 일이 아니라며 아예 선을 긋는 분들도 많다. 도전하지 않는 분들이 태반이다. 그런 분들께 도전하고 싶다. 나는 지금까지 아홉 권을 공저했고, 이 책은 열 번째 도전이다. 이 책의 집필을 끝내면 나도 온전한 나만의 책 쓰기에 도전하려고 한다. 처음부터 자신만의 책을 쓰기 어렵다면 마음이 맞는 분들, 같은 뜻을 지닌 분들과 함께 책을 쓰라고 권하고 싶다. 이는 작은 성취감을 가져다준다.

비록 혼자 쓴 책은 아니지만 여럿이 책을 함께 쓰고 책이 나왔을 때는 '자신이 꽤 괜찮은 사람이구나, 나도 할 수 있는 사람이구나'라고 느끼게 된다. 공저 책으로 한 걸음 한 걸음 글쓰기와 책 쓰기의 공력을 높여가면 된다. 혼자 하면 어렵지만 함께하면 할 수 있다.

책을 쓰면 자신감을 얻게 된다. 주변 사람들과 자녀들에게 해냈다는 것을 보여줄 수 있다. 자신이 경험해 봤기에 타인에게 자신 있게 권할 수 있다. 책을 쓰는 지난한 과정에서 배우고 경험하고 느낀 것들을 다른 사람들과 나눌 수 있다. 자신의 길을 찾고자 고군분투하는 사람들을 공감하고 그들에게 힘을 줄 수 있다. 책을 쓰는 경험 자체가 삶의 큰 자신감을 느끼게 한다.

나는 중국 상하이의 화동 사범대학 중어중문과를 졸업했다. 120명의 중국 학생들 사이에서 유일한 유학생으로 고대한어에서부터 현대 중국어의 모든 것을 공부하는 것은 큰 도전이었다. 마지막 졸업논문이 통과되는 순간, 내가 깨달은 것은 앞으로 세상에서 내가 해내지 못할 일은 없다는 것이었다. 그렇게 어렵고 힘든 과정도 해냈는데 무슨 일이든지 할 수 있을 것 같은 용기가 내 안에 있었다.

책 쓰기도 마찬가지다. 책 쓰기는 힘든 일이다. 아직 우리나라에서는 많은 사람이 쉽게 도전하지 못하는 일이다. 개인 브랜딩 시대로 접어들면서 집필자도 많아졌지만, 그래도 아직 안 쓰는 사람이 더 많다. 책 쓰기를 해낸 사람에게는 무슨 일이든지 할 수 있는 저력이 그 안에 있다는 꼬리표가 붙을 것이다.

6 다른 책과 차별화시켜라

컨셉을 차별화해야 한다

책의 수명은 한 달이라는 말이 정설처럼 들리는 시절이다. 책의 호시절이 갔다. 영상의 시대가 도래하니 책은 사람들의 관심에서 밀려났다. 그럴지라도 책은 두 가지 유익이 있다. 첫째, 세상에서 공신력이 있다. 사람들이 자기만의 것을 가졌다고 인정한다. 둘째, 이전과 다른 삶을 살게 한다. 책 쓰기 전과 이후의 삶은 완전히 다를 수 있다. 버려진 것처럼 느껴졌던 삶이 수많은 사람의 환영과 존중을 받는다. 아무나 할 수 없는 자신의 한계를 돌파했다고 인정받는다.

책을 쓰는 자체가 이미 남들과 차별화되었다고 할 수 있다. 책을 쓰는 사람과 쓰지 않는 사람의 차별화는 분명히 있다. 책을 쓸 때 두어야 할 차별화가 있다. 컨셉의 차별화이다. 다른 작가와 차별화된 컨셉을 잡아야 한다. 책은 '컨셉 잡기'라는 말이 있을 정도로 컨셉의 차별화를 기하는 것이 첫 번째 할 일이다.

컨셉이란 나만이 가지고 있는 정체성(identity)으로 곧, '자신에 관한 규정'이다. 컨셉의 어원은 라틴어 'conceptus'이다. 'conceptus'는 'con'(여럿을 함께)와 'cept'(잡다, 취하다)가 결합한 말로, 여러 가지를 하나의 핵심으로 엮어서 쥔 것을 말한다. 쉽게 말해 컨셉은 저자가 전하려는 생각이나 의도를 다른 사람들이 한 번에 알아차리게 하는 역할이다.

황상열은 《닥치고 책쓰기》에서 책 한 권을 쓰기 위해 가장 먼저 해야 할 것을 언급한다. 첫째, 어떤 주제로 책을 쓸 것인가? 인간관계, 글쓰기, 독서, 육아, 일상, 재테크, 인문학 등 어떤 주제로 책을 쓸 것인지 정하는 것이 가장 우선이다. 주제가 있어야 작가가 전달하고 싶은 말을 할 수 있다.

둘째, 그 주제를 뒷받침하는 컨셉은 어떻게 만들 것인가? 사실 책 쓰기 주제는 위에서 언급한 것처럼 사람이 살면서 겪는 주제가 대부분이라 비슷하다. 그럼에도 불구하고 똑같은 주제지만 다른 책이 계속 나오는 이유는 컨셉이 다르기 때문이다. 책을 쓸 때 컨셉 차별화시키기에 온 힘을 쏟아부어야 한다. 시중에 비슷한 책은 많다. 비슷비슷한 책과 어떤 점을 차별화할 것인가를 고민해야 한다.

전 세계적으로 〈케이팝 데몬 헌터스〉가 열풍이다. 이것은 K-POP과 퇴마 판타지와의 만남이다. 케이팝 슈퍼스타 루미, 미라, 조이는 매진을 기록하는 대형 스타디움 공연이 없을 때면 이들은 또 다른 활동을 한다. 비밀 능력을 이용해 팬들을 초자연적 위협으로부터 보호하는 것이다. 이 영화는 전 세계를 들었다 놓고 있다. OST는 빌보드 차트까지 점령했다. 이럴 수 있었던 것은 색다른 컨셉의 스토리가 관객의 마음을 잡아끌었기 때문이다.

목차를 차별화해야 한다

책을 쓸 때 목차의 차별화를 기해야 한다. 목차가 책에서 차지하는 비중이 80%라고 한다. 비중이 80%라면 목차의 차별화는 꼭 이루어야 한다. 목차를 잡는데 많은 시간을 투자해야 한다. 목차를 완성하면 책의 50% 이상은 쓴 것이기 때문이다.

목차를 차별화하려면 목차 잡는데 자신이 할 수 있는 역량을 쏟아부어야 한다. 독자가 목차만 봐도 이 책을 읽고 싶다고 할 수 있어야 한다. 목차만으로도 저자의 준비, 책에 대한 애정을 알 수 있도록 해야 한다.

책을 처음 쓰는 사람들이 묻는다. 첫 번째로 목차를 잡은 뒤 책을 쓰는가? 두 번째로 책을 쓰는 동시에 목차를 잡는가? 첫 번째로 목차부터 잡고 써야 한다. 나는 책 쓰기 코칭할 때 목차를 4주 동안 잡는다. 그다음 책을 쓰도록 한다. 목차를 먼저 잡으면 책을 쓸 방향, 독서 방향, 쓸 기간, 대상 독자, 앞으로 활동 추이가 결정된다.

책은 목차를 잡고 시작해야 한다. 목차는 문장으로 잡아야 한다. 문장에 감성을 담아 독자의 마음을 잡아당길 수 있어야 한다. 김병완은 《7주 만에 작가 되기》에서 목차 구성에서 중요한 것을 이렇게 말한다.

첫째, 저자 중심에서 독자 중심으로 변경해야 한다.

둘째, 논리적이고 이성적인 똑 부러지는 목차보다는, 감성을 자극하는 인간적인 목차가 더 낫다.

셋째, 단어 선택을 잘해야 한다. 강력한 힘을 가지고 있는 기적의 단어들이 있다.

넷째, 심리학을 이용해서 인간의 심리를 잘 활용하라.

다섯째, 가장 중요하고 기본이 되는 사항은 S3다.
"간결하게(Simple), 짧게 (Short), 명확하게(Sharp)"

가능하다면 목차가 독자의 눈에 띄고 마음을 단박에 사로잡을 수 있어야 한다. 목차는 이 책이 어떤 책인지는 물론 독자의 읽고 싶은 욕구를 불러일으킨다.

내용을 차별화해야 한다

책 쓰기에서 내용의 차별화를 기해야 한다. 책은 제목, 표지, 목차가 중요하다. 하지만 진짜 중요한 것은 내용이다. 내용이 어떠냐? 내용이 충실하냐? 독자가 끌리는 내용인가? 등에 따라 책의 운명이 좌우된다.

내용이 중요한 것은 쓸 분야의 전문적인 지식이 있느냐? 독자의 니즈를 맞출 역량을 가졌는가? 등을 의미한다. 책의 내용에 따라 독자의 입소문을 좌우한다. 강원국은 《강원국의 책 쓰기 수업》에서 좋은 글의 여섯 가지 조건을 제시한다. 첫째, 읽고 싶고 읽기 쉬운 글, 둘째, 간결하게 쓴 글. 셋째, 명료한 글, 넷째, 구체적인 글, 다섯째, 재미있는 글, 여섯째, 정확한 글이다. 이를 한 마디로 좋은 글이란 좋은 내용이란 의미이다.

내용이 충실해야 한다. 독자가 읽고 싶은 글은 내용이 탄탄하다. 읽을거리가 많다. 책에 마음을 빼앗긴다. 책의 판매 여부는 내용에서 판가름 난다.

조영석은 《무기가 되는 책 쓰기》에서 '관점의 차별화', '콘텐츠의 차별화', '메시지의 차별화' 등 세 가지의 차별화 요소를 강조한다. 여기서 둘째인 차별화된 콘텐츠가 내용이다. 여기서 콘텐츠란 '주변에서 물어보는 이야기가 있는가? 어떤 문제만 생기면 당신을 찾는가? 어떤 곳에 당신이 있으면 그 사람들이 좋아하는가? 당신이 꺼내기만 하면 반응하는 이야기가 있는가?' 등을 말한다.

책은 독자가 시간과 수고를 10배로 보상할 수 있는 확실한 콘텐츠여야 한다. 낯설고, 강렬함이 담긴 내용을 담고 있어야 한다. 세상에 책이 쏟아져 나오므로 내용의 차별화가 없으면 한 달도 가지 않아 묻힌다.

아마존에서 '주방 세제'를 검색하면 2,000건이나 되는 제품이 쏟아져 나오는 때에 수많은 상품 속에서 소비자의 선택을 받기 위해서는 이유가 필요하다. 이 이유를 부여하는 것이 바로 콘텐츠인 스토리다. 콘텐츠가 다른 책과 차별화가 있어야 한다. 핵심 메시지를 뒷받침할 수 있는 경험, 논리, 인용 등이 자기 이야기로 풀어낸 것이어야 한다. 요새는 탁월한 문장보다 저자 자신의 이야기가 들어가면 차별화가 만들어진다. 저자의 경험과 충분히 이해한 지식이 담긴 책이 독자의 사랑을 받는다.

강원국은 《대통령의 글쓰기》에서 좋은 콘텐츠의 조건을 이렇게 말한다. 첫째, 목적의식이 분명해야 한다. 둘째, 스토리가 있어야 한다. 셋째, 사물보다는 사람과 연관 짓는 게 좋다,

타이밍을 잘 잡아야 한다

'인생은 타이밍이다'라는 말이 있다. 10대의 관심사가 있고, 20대의 관심사가 있고, 60대의 관심사가 있다. 인생의 타이밍마다 관심사가 다르다. 삶의 타이밍도 있다. 즐거움을 추구할 때가 있다. 자기를 사랑할 때가 있다. 공부할 때가 있다. 타인을 위해 봉사할 때가 있다. 책도 타이밍이 있다. 트렌드 책은 9월 전후에 출간되어야 한다. 가정에 관한 책은 5월 이전에 출간되어야 한다. 책도 타이밍을 놓치면 그 가치를 잃는다.

책을 쓸 때도 타이밍이 있다. 강원국은 《강원국의 책 쓰기 수업》에서 "시대가 책을 쓰라고 요구한다"라고 말한다. 즉 이때가 책 쓰기를 할 타이밍이다. 책을 쓸 준비된 후가 아니라 쓸 수 있을 때 써야 한다. 어쩌면 '나도 한 번 써 볼까'하는 마음이 있을 때가 책 쓸 때이다. 다음으로 책 출간 타이밍이다.

출간 타이밍은 두 가지이다. 첫째, 시대보다 반 발짝만 앞서야 한다. 시대보다 많이 앞서가나 뒤떨어지면 독자의 관심에서 멀어진다. 둘째, 출간 타이밍이 기가 막혀야 한다. 쓴 책의 컨셉이 사람들의 성향, 국가 행사, 사회의 요인, 계절 등이 연결되어 있어야 한다.

책의 출간 타이밍에서 놓치면 안 되는 것은 독자가 관심 두는 주제인가이다. 코로나 시기라면 코로나에 관련된 책이 출간할 타이밍이다. AI 시대라면 AI와 관련된 주제가 출간 타이밍이다. 당시 독자가 관심 가질 수 있는 주제의 책을 쓰는 것이 출간 타이밍이다.

7 머리로 쓰지 말고 마음으로 써라

자료인가? 생각인가?

책은 머리로 쓰지 않고 마음으로 써야 한다. 책은 자료로 쓴다고 말한다. 독서가 뒷받침되어야 한다는 말이다. "책을 쓰려면 자료는 어느 정도가 필요할까?" 책 쓰기 코칭 받는 사람들의 질문이다. 자료는 많을수록 좋다. 자료가 중요하다는 생각으로 자료 수집을 오랫동안 한다. 자료가 준비되어 있지 않으면 쓰기가 쉽지 않다. 하지만 책을 몇 권 쓰면 자료 없이도 글을 쓸 수 있다. 초보자라면 자료 수집을 많이 하는 것이 낫다. 자료 없이 쓰는 것은 힘들기 때문이다.

자료 수집할 때 두 가지 질문을 해야 한다. '수개월간 자료 수집을 한 후에 책을 쓰는가?', '책을 쓰면서 동시에 자료 수집을 하는가?' 두 과정을 모두 거쳐야 한다.

이상민 작가는 《책 쓰기의 정석》에서 책을 쓰기 위해서는 철저한 자료 조사와 공부가 필요하다고 말한다. 한 분야에서 한국 최고라고 할 정도의 공부가 필요하다고 말한다. 자료 조사가 필요한 것은 수준 낮은 책이 아니라 내용이 좋은 책을 써야 하기 때문이다.

그와 반대로 말하기도 한다. 장치혁 작가는《팔리는 책 쓰기, 망하는 책 쓰기》에서 '자료병'은 초고를 방해하는 주범이라고 말한다. 그는 외부 자료를 충분히 모아야 글을 쓸 수 있다는 착각은 글쓰기의 흐름을 끊고, 추진력을 약화시킨다고 주장한다. 초고 단계에서는 자신의 경험과 생각만으로도 충분하며, 외부 자료는 나중에 보완하는 것이 더 효과적이다. 초고는 내면의 흐름을 따라 써야 하고, 외부 자료는 그 뼈대 위에 덧붙이는 살일 뿐이다. 자료병에 빠지면 "자료가 부족해서 글을 못 쓴다"라는 자기합리화에 갇히게 된다는 그의 말도 일리가 있다.

책 쓰기를 권하는 작가마다 자료에 관한 생각이 다르다. 자료 부분은 정답이 없다고 할 수 있다. 나는 자료 찾기에 대해 자신의 스타일을 알고, 시행착오를 통해 저자 자신만의 방법 찾기를 권한다. 나의 글쓰기 사부님이신 김도인 선생님은 자료 정리하는 것이 몸에 배어 있다. 그는 인터넷을 열어 각 신문사의 뉴스를 읽고 스크랩한다. 나는 선생님을 오해했다. 글쓰기에 집중을 못 하셔서 인터넷을 검색하시는 줄 알았다. 그런데 그게 아니었다. 자료 수집을 위한 매일의 루틴이었다. 반면에 나는 각 신문사의 뉴스를 읽지 않는다. 내키는 대로 한다. 그게 나의 성격이기도 하다. 선생님의 MBTI가 J라면 나는 P이다. 나는 계획적이고 체계적이기보다는 즉흥적인 성격이 강하다. 글을 쓰는 데도 그런 성격이 반영된다.

고수인 사부님은 자료 정리를 체계적으로 한다. 수많은 폴더와 색인이 있다. 그곳에는 사부님께서 읽으신 책의 내용, 신문 기사, 다른 사람의 이야기, 사부님의 경험 등이 저장되어 있다. 나는 없다. 나는 그런 것이 잘 안 된다. 오히려 어렵게 느껴져서 하기 싫어진다. 나는 따로 '자료 수집'을 목적으로 하지 않는다. 아직 하수라서 그럴 수 있다. 그저 공부한 내용을 필사하고, 공부한 내용과 관련하여 글을 써 놓는 것, 명문장을 수집하는 것, 나만의 단어 사전을 만들어 기록하기, 페이스북에서 읽은 좋은 글들을 스크랩해놓기가 전부이다. 이 책을 쓰기 전에는 3개월간 시중에 판매되고 있는 책 쓰기 책을 전부 읽고 공부하기도 했다. 정보 수집의 방법은 자신에게 맞는 방법을 선택하면 된다고 생각한다.

책은 정보로만 쓰면 안 된다. AI가 3초도 안 되어 수많은 정보를 선별하고 정리해서 도출해 주는 지금, 정보는 의미가 없을 수 있다. 이제 정보는 누구라도 손쉽게 얻을 수 있는 것이 되었다. 정보를 어떻게 연결하느냐, 자기만의 정보를 어떻게 만드느냐, 정보를 어떻게 저자의 삶에 녹여냈느냐가 더 중요하다.

마음으로 쓴다

자료가 너무 많으면 독자의 마음을 움직이기 쉽지 않다. 마음을 움직이려면 마음이 담겨야 한다. 좋은 책은 머리보다는 마음에 와 닿는다. 책이 독자의 마음을 안아준다. 이수광은 《지봉유설》에서 "마음으로 문장을 만드는 사람은 반드시 잘 되지만, 손으로 문장을 만드는 사람은 절대 잘 될 수 없다"라고 한다. 마음을 안아주려면 마음으로 문장을 만들어야 한다. 작가 김종원은 "한 사람의 마음을 안아줄 수 있는 정도의 글"을 쓰고 싶었다고 말한다.

 한 사람의 마음을 안아줄 수 있는 정도의 글은 어떤 글일까? 저자의 마음과 독자의 마음이 연결되는 글이다. 독자의 고민이 저자의 마음으로 쓰여 진 글이다. 저자의 질문이 독자의 질문이 맞닿는 글이다. 저자의 경험이 독자의 경험과 연결되는 글이다. 저자의 도전이 독자의 질문과 맞닿은 글이다. 글은 독자의 마음과 연결되어야 한다. 독자의 마음이 저자의 마음에 담긴 책은 독자의 마음에 와닿아 부딪힌다.

 책이 독자의 마음에 닿으려면 집필 목적이 저자의 의도가 아니라 독자에게 감동과 도전이어야 한다. 책의 목표가 저자 자신의 유익이 되면 독자는 외롭다. 공허하다. 저자가 책으로 명성을 얻거나 많은 강의를 하려는 것이 목적이면 독자는 허탈해진다. 책은 독자의 마음을 만져주어야 한다.

  책은 독자에게 힘이 되어야 한다. 위로가 담겨야 한다. 그 마음이 뭉클해져야 한다. 독자의 마음을 만지는 책에서 독자가 희망을 품는다. 그 책으로 독자 자신을 돌아본다. 고민이 풀어진다. 삶이 새로워진다. 마음이 따뜻해진다.

  저자의 마음이 담기면 독자는 나아진 삶을 산다. 저자의 작은 경험이 거름이 되어 독자의 삶이 새로워진다. 저자의 마음이 독자에게 다다르면 저자의 책을 쓴 목적은 달성된다.

마음이 담겨야 독자가 마음을 연다

한 권의 책은 뛰어난 문장력, 표현력이 중요하지만, 더 중요한 것은 최선을 다해 열심히 살아온 저자의 삶이다. 책은 거창한 것이 아니라 저자의 마음을 담으면 된다. 저자의 살아온 이야기를 꺼내면 된다. 품고 있는 희로애락이 들어가면 된다.

  책을 쓸 때 자료가 부족해도 괜찮다. 완벽하지 않아도 괜찮다. 중요한 건, 당신의 마음이 누군가에게 빛이 되고 소금이 되고 싶다는 소원이다. 마음으로 쓴 글은 누군가의 마음을 열어젖힌다. 자신의 용기가 독자에게 새로운 눈을 뜨게 한다. 세상과 독자를 아름답게 연결한다. 세상을 조금 더 따뜻하게 바라보게 만든다.

마음이 담긴 책은 세상 밖으로 나온 것으로 머물지 않는다. 세상에서 활발하게 활동할 수 있는 디딤돌이 되어준다. 책이 자신의 솔직한 모습과 거리낌 없는 양심을 살려낸다. 기나긴 세월의 흔적을 세상에 비추어 삶의 다양한 맛을 살려낸다.

마음을 담은 책은 독자의 마음을 품어낸다. 저자와 독자가 공통으로 느낄 수 있는 것은 마음이다. 내 마음을 깊이 있게 파고들면 독자의 마음도 깊이 파헤쳐진다. 마음이 담긴 책은 슬픔이 필요한 곳에 슬픔을, 위로가 필요한 곳에 위로를, 진실이 필요한 곳에 진실을, 용기가 필요한 곳에 용기를, 웃음이 필요한 곳에 웃음을 선사한다. 책은 마음과 마음이 만나는 장소이다.

책으로 인해 글쓴이와 읽는 이로, 또 읽는 이에서 글쓴이로, 글쓴이는 다시 읽는 이로 연결고리들이 계속해서 이어진다. 책이 서로에게 비추어주는 빛이 되어 사람을 사람답게 만들고, 세상을 살 만한 곳으로 만들어낸다. 마음과 마음이 맞닿아 사람 사이를, 세상을 따뜻하게 만든다.

8 3권을 동시에 써라

3권을 동시에 쓰면 읽기의 누수가 생기지 않는다

책을 읽기만 할 것인가? 책을 쓰기 위한 읽기를 할 것인가? 두 질문 중 무엇은 선택하고 싶은가? 책 쓰기 위한 읽기를 할 때 책이 된다. 책을 쓰려면 읽기가 뒤따라 주어야 한다. 나는 책을 쓸 때 읽기에 파묻혀 살려고 한다. 이전보다 더 본격적으로 읽는다.

읽기만 하는 사람이 있다. 이왕 읽을 것 책 쓰면서 읽으면 어떨까 도전해보려 한다. 나도 읽기를 위한 읽기만 오래 했다. 책 쓰기를 한 후 읽기를 위한 읽기가 효율적이지 못했다는 것을 알았다. 그 후 책 쓰기 위한 읽기로 전환했다.

읽기를 한 것은 좀 더 나은 삶을 살기 위해서다. 알찬 하루를 살기 위해 읽었다. 하는 일과 앞으로 할 일에 도움 되기 위해 읽었다. 무작정 읽다가 어느새 글을 쓰고 있었다. 처음에는 칼럼 정도 썼다. 에세이 쓰기가 재미있었다. 흘러넘치게 읽으니 글쓰기에서 책 쓰기를 해야 한다는 생각이 들었다. 목적 없는 쓰기가 아니라 목적 있는 쓰기의 필요성을 느꼈다. 이제는 읽기를 위한 읽기도 하지만 책을 쓰기 위한 읽기를 한다.

책을 쓰기 위한 읽기를 하면 시간과 에너지를 허공으로 날리지 않는다고 생각이 든다. 읽은 것을 내 것으로 만드는 것은 쓰기 위한 읽기만큼 좋은 것이 없다. 읽기만 하면 잊어버리지만 쓰기까지 하면 남는다. 그래서 선배들의 기록이 기억보다 중요하다는 말이 이해가 되었다.

어느새 한 권 쓰기 위한 읽기가 아니라 그 이상 쓰기 위한 읽기의 필요성이 다가왔다. 한 권 쓰기 위한 읽기보다 3권 쓰기 위한 읽기가 효율적이다. 3권 이상 쓰기 위한 읽기는 효율이 아주 높다. 효과적인 읽기를 하려면 3권 이상 동시에 쓰기를 선택하는 게 좋다.

3권 이상 쓰기를 위한 읽기는 읽기에 누수가 생기지 않는다. 읽는 책마다 사고력, 통찰력, 문장력이 더 좋게 된다. 책 쓰기의 만족감이라는 선물도 덤으로 준다. 책을 3권 이상 쓰기 위한 읽기는 읽기의 맛이 밋밋하지 않고 감칠맛까지 난다.

3권 이상 책 쓰기 위한 읽기는 수많은 생각을 하게 만든다. 읽은 글이 들어갈 챕터도 알려준다. 3권을 책 쓰기 위한 읽기는 흘러가는 읽기, 놓쳐버리는 읽기가 아니라 붙잡는 읽기가 된다. 읽은 것이 대부분 책 쓰기에 활용된다. 읽은 책에는 좋은 글이 많다. 놓치고 싶은 않은 글이 부지기수다. 좋은 글, 좋은 문장, 임팩트 있는 통찰력이 죄다 책에 담겨 나온다.

읽는 것마다 책이 된다

나는 3권 이상 책 쓰기 위한 읽기부터 읽는 것마다 책이 되었다. 과거에는 읽은 글이 컴퓨터의 한 공간에만 담겨 있었다. 지금은 책의 한자리를 꿰차고 당당하게 앉아 있다.

  3권 쓰기 위한 읽기는 대부분 책이 되어 나오므로 행복한 읽기가 되게 만든다. 읽는 것으로 인해 꿈을 꾼다. 3권 쓴 책이 서가에 꽂혀 있다. 그 책은 잠도 자지 않고 세계 곳곳을 누비며 활동한다. 한 권을 쓰면 읽는 것 중 일부분만 책이 된다면, 3권 이상을 쓰면 읽는 것 대부분이 책이 된다.

  책 쓰기를 위한 읽기는 읽기를 더 많이 하게 만든다. 3권을 동시에 쓰면 읽은 것이 자기를 사용해 달라고 손짓한다. "3권 동시에 쓰기가 어떻게 가능한가?"라는 질문을 받는다. 역량의 문제가 아니라 마음의 문제이기에 누구나 가능하다.

3권 이상을 쓰면 할 말이 많아진다. 읽을 것도 많아진다. 삶이 알차게 엮어진다. 30여 년간 글쓰기를 가르쳐온 바버라 베이그는 훌륭한 작가에 대해서 이렇게 말한다. "훌륭한 작가가 훌륭한 것은 단순히 우아한 문장을 교묘하게 다듬을 줄 알기 때문이 아니다. 그들이 훌륭한 것은 그들에게 할 말이 있고, 할 말을 바탕으로 독자와 적절한 관계를 형성할 줄 알기 때문이다." 작가는 할 말이 많은 사람이다. 많이 읽어서 할 말이 많다. 3권을 동시에 쓰다 보니 할 말이 더 많다.

많이 읽으면 내가 변한다. 많이 쓰면 더 많이 변한다. 부정적인 사람이 자기계발서 1,000권 읽으면 긍정적인 사람으로 바뀐다고 한다. 3권을 동시에 쓰면 3권 쓸 분량의 읽기로 인해 더 많이 변한다. 읽기만 해도 변하는데 3권 쓰기에는 변화가 엄청날 수밖에 없다. 읽기를 하면 교양인이 만들어진다. 3권 이상 쓰기는 대가로 만들어간다.

세상에 공짜가 없다. 3권 이상 썼을 때 오는 행복감은 한 권 썼을 때보다 더 크다. 책을 3권 이상 쓰면 삶이 충실해진다. 눈에 띄게 실력이 향상된다. 책 쓰는 시간도 단축된다. 결국, 일석삼조가 된다.

읽기와 쓰기는 경험의 멸종을 방해한다

경험이 멸종되어가는 시대이다. 동영상이 경험을 못 하게 방해한다. 그저 웃고 즐기게 해준다. 읽기는 일종의 경험이다. 인공지능 시대에는 동영상 시청이 읽기와 경험의 자리를 대신한다. 동영상 시청이 감각과 경험을 불신하게 만든다. 도리어 기술에 의존하도록 우리를 훈련한다.

크리스틴 로젠은 《경험의 멸종》에서 사람들의 문제는 자신들이 몸이 있음을 잊어버리는 데 있다고 한다. "수학자 아이작 밀너가 1794년에 남긴 말처럼, 계몽주의 시대의 걱정거리가 '높은 자리에 있는 위대한 자들이 자신들에게 영혼이 있음을 잊은 것'이었다면, 오늘날의 문제는 많은 사람이 자신들에게 몸이 있음을 잊어버린 것이다. 온라인과 소셜 미디어를 통해 신체적 한계에서 벗어나 자아를 표현하고 자신을 추적·수량화할 다양한 방법(오늘 나는 걸음을 걸었다!)을 갖게 되면서 우리는 신체를 무시하거나 통제할 수 있다는, 아니 최소한 자신의 신체적 특징에서 벗어날 수 있다는 자신감을 얻게 되었다." 경험의 멸종을 더디어지게 하고 경험을 통해 삶을 행복하게 만들려면 읽기를 해야 한다. 읽기가 경험으로 이끄는 것은 생각하게 만들기 때문이다.

생각은 경험으로 가는 출발점이다. 읽기는 다른 사람 삶의 간접 경험이다. 마치 시뮬레이션처럼 말이다. 읽기는 경험으로 인도하므로 읽기를 꾸준히 해야 한다. 3권 쓰기는 풍부한 경험으로 인도한다. 동영상은 경험하게 하지 않는다. 그저 느끼게 한다. 읽기와 책 쓰기는 깊은 경험으로 인도한다. 그렇다면 읽기와 책 쓰기로 실종된 경험의 시대에 경험을 축적하는 방편으로 삼아야 한다.

3권 이상 책을 쓰면 변주가 가능하다

나는 책을 동시에 3권 이상 쓴다. 나보다 훨씬 많이 쓰는 작가가 많다. 어느 날 김종원 작가의 《문해력 공부》에서 그는 서로 다른 분야의 책 10권을 동시에 쓴다는 글을 보고 좌절한 적이 있다. 그가 서로 다른 분야의 책 10권을 동시에 쓰는 것은 지능이 높거나 재능이 있어서가 아니라, 하나를 10개의 분야로 각각 변주할 수 있기 때문이란다. 그는 문해력의 꽃은 변주라고 말하며, 자신이 안다고 생각하는 지식을 자유롭게 변주한다고 강조한다.

  나는 3권 이상 쓰기에 김종원 작가처럼 지식을 자유롭게 변주하지는 못한다. 하지만 어느 정도 변주를 한다. 변주란 어떤 주제를 바탕으로, 소재·형태·방식 따위를 변형하여 표현할 수 있는 것이다. 3권 이상 쓰려면 변주할 수 있어야 가능하다.

3권 이상 책을 쓰면 변주가 가능한 것은 하나의 단어를 몇 개의 개념으로 변주할 수 있기 때문이다. 하나의 문장을 몇 개로 구절을 변주할 수 있다는 것, 하나의 의미를 열 가지의 각기 다른 영역과 연결할 수 있다는 것은 사고가 넓어졌다는 것이고 통찰력이 좋아졌다는 것이다.

책대로 살게 된다

책을 3권 이상 쓰면 쓴 대로 살아갈 수 있다. 책을 쓰면 책대로 살아가려고 노력을 많이 한다. 시간이 흐를수록 책에 있는 내용대로 조금씩 산다. 자신이 쓴 글대로 사는 것을 무의식적으로 추구한다.

배우가 연기하면 연기자로 살아간다. 연기하고 있는 대로 살지 않으면 각본대로 연기하기 어렵다. 이어령은 《언어로 세운 집》에서 "시는 읽는 것이 아니라 그 안에 들어가 사는 것이다"라고 말한다. 그 말에 시를 어떻게 읽어야 하는가를 보여준다. 그리고 책을 쓰는 목적이 어떠해야 하는지도 말해준다.

책을 3권 이상 쓰면, 쓴 대로 살려 한다. 그대로 살지 않으면 저자의 마음과 독자의 마음이 만나지 못한다. 세상에 수많은 책이 있다. 읽는 사람은 읽은 책대로 살고자 한다. 책을 읽기만 하면 읽은 대로 사는 것이 쉽지 않음을 느낀다. 책을 쓰면 살 수 있는 힘이 내재되어 있음을 발견한다. 3권 이상 쓰면 책대로 많은 부분 살아가는 자신을 발견한다. 내가 쓴 책대로 사는 것이 저자가 독자에게 보여주어야 할 모습이다. 저자에게는 행복 그 자체이자 인생 자체이다. 책대로 사는 것이 멋진 삶이다. 우리가 읽기만 할 때는 사는 것보다 아는 것에 집착한다. 글을 쓰면 조금씩 살고 있는 나를 발견한다. 책을 3권 이상 쓰면 살고 있는 것을 새삼스럽게 확인한다.

나는 성경을 읽을 때 예수님이 되고, 아브라함이 되고, 모세가 되고, 다윗이 되고, 바울이 되는 그 맛으로 읽었다. 책도 마찬가지다. 읽은 책을 통해 자신이 작가가 되고, 등장인물이 되므로 책을 손에 놓지 못한다. 읽으면서 자신의 삶을 계속 점검해나간다.

읽고. 글 쓰고. 책 쓰고. 살아가고. 글이 삶이 되는 것을 경험한다. 글대로 살기 위해 노력한다. 3권 이상을 쓰면 말로만이 아니라, 마음으로만이 아니라 살아내려고 한다. 못 살면 살기 위해 발버둥 친다. 어느새 이미 책 안에 푹 잠겨 사는 나를 발견한다.

Chapter 1. 책 쓰기는 나를 쓰기다

Chapter 2
목적이 분명해야 결과가 선명하다

1 책 쓰기를 위한 읽기를 하라

책 제목을 생각하며 읽어라

책을 쓰려면 '쓰기를 위한 읽기'로 전환해야 한다. 여가 독서, 읽기를 위한 읽기에서 책 쓰기 위한 읽기를 해야 한다. 책을 쓰기 위한 읽기는 어떻게 하는가?

첫째, 쓰려는 책의 제목과 연결해서 읽어야 한다. 나는 내가 쓰고자 하는 책의 제목이나 주제를 생각하면서 읽는다. 주제를 생각하며 읽으면 읽기가 더 효과적이다. 이 책을 쓰기 위해 책 쓰기에 관련된 책은 물론 관련 없는 소설, 시, 경제서, 사회과학서, 인문서 등을 읽으며 연결시키려고 했다. 쓰려는 책의 제목을 염두에 두고 독서를 하다보면 인사이트를 손쉽게 얻을 수 있다.

마르셀 프루스트는 《잃어버린 시간을 찾아서 2》에서 이를 잘 보여준다. "나는 항상 손이 미치는 곳에 따라 지도를 두었다. 스완 씨 부부가 사는 거리를 식별할 수 있는 지도에 무슨 보물이라도 담겨 있는 듯했기 때문이다. 그래서 기쁜 마음으로, 또는 일종의 기사도적인 충성심으로 말끝마다 그 길 이름을 말하자, 어머니와 할머니와는 달리 내 사랑에 대해 전혀 알지 못하는 아버지께서는 이렇게 물으셨다. '그런데 넌 왜 항상 그 길에 대해 말하는 거냐? 특별할 것도 전혀 없는데. 블로뉴 숲 가까이 있으니 살기에는 쾌적하겠지만 그 정도라면 비슷한 곳이 열 군데는 더 있단다.'" 주인공은 늘 스완 씨 부부가 사는 거리 이름을 입에 올린다. 그 거리에는 사랑의 기억이 깃들어 있고, 그 이름을 반복하는 행위는 일종의 내면적 충성심이다. 책을 쓰기 위한 독서도 이와 닮았다. 주제를 마음속에 품고 읽으면 단순한 정보 수집을 넘어 창작의 방향을 정하는 내적 나침반이 된다. 거리 이름을 되뇌는 주인공처럼, 우리는 읽는 동안에도 이미 책 쓰기를 한다.

둘째, 읽는 도중 주제와 연결되면 즉시 써야 한다. 읽기가 책 쓰기로 연결되어야 한다. 만약 읽는 도중 책 쓰기와 연결된 글을 만나면 즉시 써야 한다. 즉시 쓰지 않고 나중에 쓰려고 하면 처음 감정, 깨달음의 기쁨을 살리지 못한다.

셋째, 한 권의 책 읽기를 마치면 책 혹은 책의 주제와 관련된 글을 써야 한다. 이는 차후에 쓸 책을 위한 준비이다. 독후감, 서평, 주제 있는 글 등을 써야 한다.

넷째, 읽기에서 책 쓰기와 관련된 도서와 관련되지 않은 책의 읽기 비율도 중요하다. 나는 관련된 도서 50% 전후, 관련되지 않은 도서 50% 전후를 읽는다. 책을 쓰기 위한 읽기는 주제와 직접 관련된 것과 아무런 관계가 없는 것을 골고루 읽어야 한다. 나의 경우 전혀 관련 없는 책에서 통찰력을 더 많이 얻을 때가 많다. 만약 관련된 책만 읽는다면 시중에 출간된 책과 크게 다를 바가 없게 된다. 쓸 책이 창의적인 관점과 낯선 관점을 주려 한다면 관련 없는 주제의 책을 더 많이 읽기를 권장한다.

작가로부터 배워라

좋아하는 작가를 책 쓰기 멘토로 삼으면 도움을 크게 받는다. 멘토 작가의 책을 읽으므로 좋은 책을 쓸 수 있다. 멘토 작가가 어떤 문장으로 첫 문장을 여는지, 명문장은 어떻게 쓰는지, 개념은 어떻게 활용하는지, 후크를 어떤 식으로 사용했는지 등을 배울 수 있다.

각 챕터의 첫 문장을 수집해 보는 것도 좋다. 작가의 좋은 문장을 만나면 어떻게 내 문장에 녹일 수 있을까를 생각하며 읽어야 한다.

마음에 와닿는 주장과 뒷받침이 있다면 논증을 어떻게 했고, 어떤 방식으로 풀어갔는지 구성을 뜯어봐야 한다. 기승전결의 구조를 어떤 식으로 전개하는지, 두괄식의 구조로 되어 있는지, 이야기나 대화로 글을 시작하는지, 예시는 무엇으로 들었는지, 새로운 비유 표현은 무엇이 있는지, 설명이나 묘사는 어떻게 했는지, 비교 대조한 것이 있는지 등을 따져봐야 한다.

책을 쓰기 전이나 쓸 때, 멘토 작가의 글 구성 분석도 필요하다. 자신이라면 어떻게 구성했을 것인가의 생각도 해야 한다. 처음 접하는 구성을 발견했다면 일단 모방하는 것도 좋다. 나는 《목회트렌드 2025》에 싣는 글을 쓸 때, 《도둑맞은 집중력》의 구조를 모방했다. 한 소제목의 말미는 질문으로 끝내고 다음 소제목 글의 시작을 답으로 시작하는 구조였다. 그렇게 했을 때, 꼬리에 꼬리를 무는 식의 사고 확장이 일어났다. 점진적으로 확대되는 글의 구조가 좋아 보였다.

모든 책에는 그 책만의 장점이 있다. 사회과학서인데 서정적으로 느껴지는 이유는 인물 묘사나 장면 묘사가 잘 되어 있어서 그랬다. 미술을 접목한 에세이 책인데 소설처럼 시점이 변화될 때 읽는 지루함에서 벗어날 수 있었다. 시에서는 기발한 은유 표현을 발견하기 쉽고 자기계발서에서는 저자의 주장을 예시와 정의, 통계 등으로 뒷받침하는 논증 방법을 배울 수 있다. 문학에서는 이야기가 풀어지는 플롯에 대해서, 반전을 활용하는 방법에 대해 배울 수 있다. 세상에는 우리에게 영감을 주고 우리에게 귀한 수업을 해주는 훌륭한 작가들이 많다.

밑줄 긋기와 메모는 쓰기의 씨앗이다

작가들로부터 배울 때, 밑줄은 필수이다. 밑줄은 단순한 표시가 아니라, 나중에 다시 꺼내 쓸 수 있는 창작의 씨앗이다. 나는 책을 쓰다가 막혔을 때, 집에 있는 문학책을 모아 다시 펼쳐본다. 내가 그동안 읽으면서 밑줄 그어놨던 부분을 중심으로 다시 읽는다. 그랬더니 내가 쓰려는 글에 어떻게 연결하면 되겠다는 연결고리들이 톡톡 튀어 올랐다. 밑줄 그은 부분 주위에는 책을 읽을 그 당시의 감정, 의문, 생각 등도 적혀 있다. 그 문장들도 큰 도움이 된다. '이때는 이렇게 생각했구나'라며 다시 읽는 재미에 빠진다.

　김도인 선생님은 삼색 볼펜을 이용해서 밑줄을 긋는다. 검은색은 책의 주제, 파란색은 처음 접하는 개념 정의, 빨강색은 자신이 중요하다고 여기는 부분이다. 일본의 다작 작가 사이토 다카시도 삼색 볼펜을 이용해서 밑줄을 긋는다. 나는 예쁜 색 형광펜이나 가지고 있는 볼펜이든 연필이든 상관없이 긋는다. 밑줄 긋기에도 즉흥적인 성격이 반영된다. 책을 읽는 여러분의 취향과 성향에 맞게 밑줄 긋고 메모, 정리하는 방법을 택하면 좋다.

밑줄 그은 부분은 번거롭더라도 한글이나 워드 문서로 저장해 놓아야 한다. 자기 생각과 연결되는 주제, 떠오르는 문장이나 아이디어 등도 함께 적어놓으면 좋다. 저장해 둔 문장들은 쓰려는 책의 인용으로 쓰인다. 명문장들을 보고 필사하며 문장력도 길러진다. 저장할 때는 책 제목, 출판사, 출판 연도, 지은이, 역자, 페이지 수까지 적어놓기를 추천한다. 각주가 달린 글을 쓸 때 편리하다. 정확성은 기본이다. 귀찮다고 이 작업을 해두지 않으면 세밀한 각주를 달 때, 일일이 다 찾아봐야 하는 번거로움을 겪게 된다.

쓰기를 멈추고 읽어라

책을 쓰다 보면 막힐 때가 있다. 유명 작가도 이제 막 책을 쓰기 시작한 초보 작가도 피할 수 없다. 누구든지 책을 더 이상 쓸 수 없는 '막힘'을 경험한다. 그럴 때는 책 쓰기를 잠깐 멈춰야 한다. 쓰기를 멈추고 읽기를 해야 한다. 읽기를 하면 쓸 것이 떠오른다.

다른 사람의 글을 읽으면 어떤 생각이라도 피어오른다. 그때부터 쓰면 글이 써진다. 책을 읽으면 생각이 시작된다. 생각이 차오를 때까지 읽는다. 생각이 피어오르면 한 문장을 쓴다. 그 한 문장이 다른 문장을 불러온다. 이때부터 두 문장, 세 문장, 한 단락 문장이 피어오른다.

어니스트 헤밍웨이는 《글쓰기의 발견》에서 독서의 중요성을 이렇게 말한다. "운동하거나 몸을 피곤하게 만드는 따위의 일이 필요하다. (중략) 그렇게 해서 머릿속이 비워지면 다시 글을 쓰기 전에 절대로 집필 중인 글에 대해 생각하거나 걱정하지 않아야 한다. 그러기 위해 반드시 독서가 필요하다. 나는 글의 샘이 마르지 않게 하는 법을 이미 터득했다. 글의 우물 깊은 곳에 아직 글이 좀 남아 있을 때, 항상 글쓰기를 멈춘다. 그리고 샘에서 밤새 물이 흘러들어 우물이 다시 채워지게 둔다."

글이 안 써지면 쓰기를 멈추고 읽어야 한다. 자신이 좋아하는 작가의 글을 읽으면 좋다. 읽고 있던 책을 이어서 읽는 것도 좋다. 나는 혼자만의 글이 아닌 공개적인 글을 써야 할 때면 글쓰기를 시작하기 전에 일단 읽는다. 마음 편하게 책을 읽는다. '읽으면 반드시 생각이 떠오른다'라는 글쓰기 공식이 적용될 것을 믿고 기대하며 읽는다. 글을 읽으면 반드시 문장을 길어오는 생각의 우물이 채워진다.

2 주제 있는 글을 써라

책 쓰기는 주제 있는 글쓰기다

책 쓰기는 하나의 주제가 책 전체를 관통해야 한다. 문장은 주제를 향해 논지가 전개되어야 한다. 주제는 작가가 책으로 전달하고자 하는 말이다. 책을 통해서 하고 싶은 말을 한 문장으로 정리해 보면 주제문장이 만들어진다.

주제가 두 개인 책은 없다. 보통 비문학 작품일 경우, 몇 개의 장과 각 장에 속한 5~8개의 소제목이 책을 구성한다. 장들은 책의 전체 주제를 드러내야 한다. 각 장에 속한 소제목들은 각 장의 주제를 드러내야 한다. 그리고 책의 주제를 드러내야 한다.

주제 있는 글을 쓰려면 글쓰기 연습이 필요하다. 의외로 주제 있는 글쓰기는 어렵다. 한 주제를 향해 일관성 있게 쓰는 것은 생각보다 쉽지 않다. 평상시 사설 등을 읽으며 주제 있는 글을 써 보는 연습을 하는 것이 좋다.

　책은 주제에서 벗어나면 안 된다. 책을 구성하는 모든 글이 하나의 주제, 하나의 푯대를 향해 돌진해야 한다. 그래서 책 쓰기는 자유롭게 쓰는 글과는 성격이 다르다. 글이 한 공간 안에 들어 있어야 한다. 주제는 글의 틀이 된다. 그 틀을 벗어나면 안 된다.

　주제 있는 책 쓰기는 하나의 문단, 한 편의 글, 하나의 장에서 명확하게 책의 주제가 드러나야 한다. 그러기 위해서는 두괄식으로 써야 한다. 그래야 주제를 놓치지 않을 수 있다. 문장과 문단 안에 사용되는 모든 예시, 예화, 자료, 인용, 논증 등은 주제를 부각하기 위해 사용된다. 주제에 어긋나는 삼천포로 빠지는 이야기를 해서도 안 되고, 주제를 강화하겠다고 한 이야기를 또 하면 안 된다. 한 이야기를 또 하게 되는 경우가 많은데, 같은 의미가 있더라도 다른 표현, 다른 문장으로 쓰도록 노력해야 한다. 하나의 글을 서너 가지 버전으로 써 보는 것도 연습으로 좋다.

책 쓰기는 원포인트 글쓰기다

　책 쓰기는 원포인트 글쓰기다. 원포인트 글쓰기란 하나의 메시지에 집중하는 글쓰기 방식이다. 여러 주제를 나열하지 않고, 단 하나의 중심 생각(핵심 메시지)을 끝까지 밀고 나가는 글쓰기다. 예를 들어 '책 쓰기를 위한 읽기를 하라'는 문장을 중심으로, 사례, 비유, 논증 등을 모두 이 하나의 메시지를 강화하는 데 사용하는 것이다.

원포인트 글쓰기를 하면 글이 독자의 기억에 쉽게 남는다. 작가가 하고자 하는 말을 독자가 명확하게 이해하는 것이 원포인트 글쓰기의 목적이다. 책의 모든 문장은 주제를 드러내고, 저자와 독자는 의미를 공유한다. 원포인트 글쓰기를 위한 세 가지 활용 방법이 있다.

첫째, 중심 문장을 먼저 세운다. 나는 내가 쓸 중심문장을 소제목을 활용해서 잡는다. 글을 시작하기 전, 글의 구조를 생각해본다. 한 편의 글을 서너 개의 소제목으로 구성되도록 만드는 것이다.

글을 시작하기 전, 가장 먼저 질문을 던져본다. "이 글이 결국 말하고자 하는 것은 무엇인가?" 물음에 대한 답을 간결한 한 문장으로 정리한다. 그 한 문장은 중심문장이 되고, 소제목이 된다. 그러면 글이 방향을 잃지 않는다. 소제목은 글이 방향을 잃지 않게 해주는 방향키와 같다.

지금, 이 글은 '책 쓰기는 원포인트 글쓰기다'라는 소제목 아래 쓰고 있다. 이 글에서는 다른 말은 할 필요가 없다. 원포인트 글쓰기에 관해서만 쓰면 된다.

둘째, 모든 문단은 그 중심을 향해 나아간다. 글을 구성할 때는 중심문장을 기준으로 삼는다. 사례를 들든, 인용하든, 묘사하든, 질문을 던지든, 모든 장치는 그 핵심을 더 또렷하게 드러내기 위한 수단이다. 각 문단이 긴밀하게 연결되어 말하고자 하는 바를 더 선명하게 만들고 있는가를 확인해야 한다. 핵심에서 벗어났으면 과감하게 삭제한다. 문단 간, 문장 간의 연결고리가 느슨하다면 연결고리 문장을 첨가한다.

셋째, 마지막을 끝까지 놓치지 않는다. 글의 끝은 시작을 되새기는 자리다. 처음 던졌던 중심문장을 다시 불러오지만, 단순히 반복하는 것이 아니라 다른 어휘를 사용하여 같은 의미를 던지는 문장을 만들어본다.

하나의 메시지가 되려면 '빼기'를 잘해야 한다. 처음 책을 쓰면 많은 문장을 보태려 한다. 보태기보다는 불필요한 문장 빼기가 중요하다. 글은 덜어내기를 어느 정도 하는 것이 아니라 최대한 많이 덜어내야 한다. 덜어내면 하나의 메시지만 남는다.

오랜 시간 구상의 시간을 가져야 한다

주제 있는 글을 쓰려면 생각의 시간이 필요하다. 자신의 생각 속에서 충분히 이미지화할 때 한 주제의 책 쓰기가 가능하다. 책 쓰기를 시작하면 처음 이야기가 시간이 흐르면 다른 이야기로 변한다. 오랜 시간 구상하지 않은 결과이다. 오랜 시간 구상하면 처음 생각이 지속적으로 끝까지 이어진다. 책 쓰기는 생각 쓰기라 할 수 있다. 책 쓰기는 내공과 실력을 갖춰야 쓸 수 있다. 책은 생각으로 다져진 것을 내공과 실력으로 풀어낸다. 처음의 생각이 끝까지 이어지지 않으면 책은 처음의 구상대로 이어지지 않는다.

책을 쓰는 사람은 생각이 많은 사람이다. 생각하고 사색하는 걸 인생에서 습관처럼 해온 사람이다. 책도 마찬가지다. 생각 쓰기이므로 생각을 끝까지 견지해야 한다. 오랜 시간 구상이 마음을 흐트러지지 않고 끝까지 붙잡을 수 있다.

작가의 구상은 퇴고의 과정을 거칠 때까지 자신의 생각을 창조하고 다듬으면서 한 권의 책으로 탄생한다. 즉 자기의 생각으로 책을 쓴다. 생각만으로 책을 쓰려면 오랜 구상을 요구한다. '일주일 만에 책 쓰기', '하루 만에 책 쓰기' 등 불가능할 것 같은 책 쓰기 책과 강의들이 있다. 오랜 시간을 들여 구상하고 주제를 구체화하고 자료를 잘 모아둔 사람에게는 가능할 수 있다. 그렇지만 계획 없이 즉흥적으로 써볼까 하는 사람에게는 불가능한 일이다.

　책 쓰기는 함부로 덤비기보다는 시간을 들이고 공을 들여 구상한 것으로 도전하면 원하는 결과를 얻을 수 있다. 생각하는 힘을 믿고 도전하면 시대에 필요한 주제 글이 된다.

주제 있는 글쓰기는 자신을 업그레이드시킨다

요즘 사람들이 많이 하는 글쓰기는 에세이, 서평 그리고 독서 감상문, 독서 요약, 블로그 글 등이다. 이렇게 하는 경우 잘해야 글쓰기까지다. 책 쓰기까지는 나아가지 못한다. 책 쓰기를 하기 위해서는 하나의 주제에 대한 자신만의 생각, 주장이 있어야 한다. 책 쓰기는 단순히 글을 많이 쓰는 것이 아니다. 저자가 말하고자 하는 바를 체계적으로 전달하도록 구성하는 힘이 필요하다. 현상을 분석하고 대안을 제시할 힘이 있어야 한다.

　책 쓰기를 위한 글쓰기는 독자를 설득하고, 대안을 제시하므로 자신을 업그레이드시킬 수 있다. 특히 주제 있는 글쓰기가 나를 업그레이드시켜준다. 나를 나답게 만들어주기 때문이다. 다자이 오사무의 《인간 실격》에서 주인공 요조는 "저는 그 가게의 손님 같기도 하고, 남편 같기도 하고, 심부름꾼 같기도 하고, 친척 같기도 한, 남들이 보면 도통 정체를 알 수 없는 존재였을 텐데도 '세상'은 전혀 이상하게 생각하지 않았습니다."라며 자신의 아무것도 아닌 정체성에 대해 담담히 말한다. 그의 삶은 자신이 누구인지 모른 채, 남들이 부여하는 역할 속에서 흘러간다. 세상은 그 모호함을 이상하게 여기지 않지만, 그 안에서 요조는 점점 자신을 잃어간다.

책 쓰기는 이와 반대의 길이다. 주제를 품고 쓰는 글은, 자신이 누구인지 되묻고, 되찾고, 되살리는 과정이다. 자신이 쓰려는 주제가 '중독에서 벗어나 자신을 되찾자'라면, 그 주제를 향해 나아가는 문장 하나하나가 자신을 자기답게 만들어준다. 글은 자신을 정체 없는 존재로 흘려보내는 것이 아니라 자신의 정체성을 천천히, 그러나 분명하게 드러내는 길이다. 자신이 누구인지, 자신이 앞으로 어떻게 나아가야 하는지, 어떤 삶을 살고 싶은지 분명하게 하는 사람은 삶의 어려움에도 버틸 수 있는 저력을 가지고 있다. 업그레이드된 삶을 살게 된다.

3 글쓰기를 버려라

책 쓰기는 글쓰기와 다르다

책 쓰려면 글쓰기를 버려야 한다. 책 쓰기와 글쓰기와 다르기 때문이다. '글쓰기'는 붙여 쓰는데 '책 쓰기'는 띄어 쓰는 이유를 아는가? 그것은 글과 책의 다른 속성 때문이다. 글쓰기는 씨앗을 뿌리는 일이라면, 책 쓰기는 그 씨앗을 키우고 엮어서 숲을 만드는 일이다. 글쓰기는 단순히 글을 쓰는 행위에 그칠 수 있지만, 책 쓰기는 단 하나뿐인 작품을 만들어낸다.

'글'은 쓰는 순간 곧 '글쓰기'가 되지만, '책'은 쓰는 것만으로는 완성되지 않는다. 책은 기획, 구조화, 출판, 마케팅이라는 복합적 과정을 거쳐야 한다. '책'과 '쓰기' 사이에는 띄어쓰기라는 공간의 간격뿐만 아니라 의미적 간격이 존재한다.

책 쓰기는 글쓰기보다 구성이 중요하고 복잡하다. 글쓰기와 책 쓰기를 그림에 비유할 수 있다. 글쓰기는 단 한 편의 그림을 그리는 것이라면, 책 쓰기는 여러 종류의 그림을 그려 하나의 짜임새 있는 포트폴리오를 만드는 것이다. 책 쓰기는 큰 그림을 그리고 작은 그림도 그리는데, 세밀하게 그려야 한다. 글쓰기는 보통 A4 한 장을 쓰지만, 책 쓰기는 하나의 주제 글을 A4 2장 반 이상을 쓴다. 때론 5장 이상을 써야 한다.

  글쓰기는 10가지의 이상의 글쓰기 요소를 모두 활용하지 않지만, 책 쓰기는 글쓰기 요소를 최대한 활용해야 한다. 글쓰기는 호흡이 짧지만, 책 쓰기는 호흡이 길다. 최소한 3개월에서 몇 년씩 쓴다.

  책 쓰기는 기본적으로 글을 쓸 줄 알아야 한다. 평소에 글을 쓰듯이 책을 쓰겠다는 생각으로 쓰기 어렵다. 글은 자신만 봐도 무방하지만, 책은 독자를 고려한다.

글쓰기를 버릴 때, 책 쓰기에 도전할 수 있다

글쓰기는 지금 보고 느끼는 것을 빠르게 옮기는 작업일 수 있다. 하지만 책 쓰기는 다르다. 오르한 파묵은 《내 이름은 빨강 1》에서 "그들은 그들이 보는 것을 그리고, 우리는 우리가 과거에 보았던 것을 그리지"라고 말한다. 튀르키예의 세밀화가의 화풍과 베네치아 화가의 화풍의 특징을 설명한 것으로 동서양 화풍의 극명한 대비를 보여주고 있다. 현실을 더 현실처럼 묘사하는 서양의 화풍에 매료될 때, 세밀화가들은 과거를 재구성하여 현재로 불러오는 일에 전념했다. 그들에게 그린다는 행위는 과거에 보았던 것, 오래도록 품고 있던 것, 잊히지 않는 장면과 감정들을 다시 꺼내어 그리는 일이었다. 책 쓰기도 마찬가지다. 즉흥적인 표현을 넘어, 기억과 사유의 깊이를 요구하는 창작의 세계로 들어가는 것이다. 글쓰기를 버릴 때, 우리는 비로소 책 쓰기에 도전할 수 있다.

글쓰기는 마음의 부담이 적다. 하지만 책 쓰기는 마음의 부담이 크다. 책을 쓸 때는 글을 쓸 때처럼 생각하면 안 된다. 책임감을 갖고 써야 한다. 책 쓰기는 내 이름을 걸어야 하는 작업이다. 세상에서 나를 평가하는 자리이다. 그러므로 가볍게 쓰는 글쓰기를 버려야 한다. 막중한 책임감으로 써야 한다.

책은 세상을 바꿀 수 있다. 세상을 바꾸어 보고 싶다는 마음으로 써야 한다. 대충 쓰는 것이 용납되지 않는다. 끊임없는 생각과 고민으로 책을 써야 한다. 그 책이 세상이 한 줄기 빛과 같이 될 수 있다는 생각으로 써야 한다.

글쓰기는 여가 쓰기라면 책 쓰기는 생존 쓰기다

글쓰기는 누구든지 할 수 있지만, 책 쓰기는 도전하는 사람만이 할 수 있다. 누구든지 글쓰기를 취미로 할 수 있다. 여가로 글을 쓰는 것은 해도 그만이고 하지 않아도 그만이다. 안 한다고 삶에 큰 지장이 없다. 반면, 책 쓰기는 생존 쓰기다. 생존을 위한 글쓰기는 글쓰기처럼 마음 내키는 대로 쓸 수 없다. 최재천 교수는 독서를 단순한 취미나 지식 습득이 아니라, 생존을 위한 필수적인 행위로 강조한다. 나는 생존 쓰기가 필요하다고 말하고 싶다.

책 쓰기를 통하여 180도 달라진 삶을 살고 싶다면 취미 글쓰기는 버려야 한다. 스스로 주제를 정하고, 목차를 정한 후, 한 편, 한 편, 주제에 맞는 글을 써나가기 위해 거듭 생각하고 고민하고 질문하고 답을 찾는 과정을 반복해야 한다. 재미로 쓰는 글쓰기, 느슨한 글쓰기로는 책 쓰기를 할 수 없다.

피아니스트 임윤찬은 한 음의 터치를 위해 8시간을 연습한다고 한다. 솔 샵#이 자신의 심장을 만지면 레 샵#으로 넘어간다고 한다. 솔 샵과 레 샵을 이어서 쳤을 때 자신의 심장에 와닿지 않으면 또 몇 시간이고 연습한다고 한다. 그렇게 연습을 하니 베토벤이나 바흐가 그로 환생했다는 말을 듣는 것이 당연하다고 생각된다.

책을 쓰는 일은 단순히 '무언가를 남기는 것'이 아니다. 독자의 심장을 울리는 것이다. 그러려면 자신을 재구성하고, 세상과 다시 연결되는 방식을 요구받는다. 책을 쓰는 사람은 자신을 향한 질문을 멈추지 않는다. "나는 왜 이 문장을 쓰는가?", "이 문장은 누구를 살릴 수 있는가?" 그 질문이 쌓일 때, 책은 단순한 종이 묶음이 아니라 한 사람의 삶을 바꾸는 도구가 된다. 자기 삶의 태도를 바꾸고 싶으신 분들, 자기 자신을 이겨보고 싶으신 분들은 생존 쓰기인 책 쓰기에 도전하시라고 권하고 싶다.

글쓰기는 누구나 할 수 있지만, 책 쓰기는 도전하는 사람만 할 수 있다

글쓰기는 누구나 한다. 초등학생도 일기, 독서록 등으로 글을 쓴다. 글쓰기는 누구나 가능하지만, 책 쓰기는 가능하지 않다. 단, 도전하는 사람은 가능하다. 지금까지 책 쓰기는 아무나 도전할 수 없는 것으로 알려졌다. 자기 브랜드 시대에는 누구나 책 쓰기를 해야 한다. 시대가 변해 도전하지 않으면 안 되게 되어버렸다.

인생에서 정말 좋은 일은 대부분 도전해야 얻을 수 있다. 열정과 끈기로 도전해야 브랜드화될 수 있다. 펜실베이니아 대학의 심리학 교수 앤절라 더크워스는 《그릿》에서 열정과 끈기를 말한다. 책을 쓰려면 열정과 끈기로 도전해야 한다. 오은환은 《꽃은 누구에게나 핀다》에서 "인생은 기세가 전부다"라고 말한다. 책 쓰기를 기세 있게 도전해야 인생의 꽃이 핀다.

세상은 더 많이 배우고 위험을 무릅쓰며 도전할 때 기회를 잡을 수 있는 장이다. 책 쓰기는 자신의 한계에 대한 도전이다. 그 도전은 어제도 그랬고, 오늘도 그랬다. 그리고 내일도 그럴 것이다. 책을 쓰려면 도전하고 도전해야 한다. 도전하는 사람에게 결과가 있다. 추구한 변화를 이룰 수 있다. 인생의 험난함을 도전으로 극복할 수 있다.

책 쓰기에 도전해야 하는 것은 당신의 인생 전체를 바꿀 힘을 갖고 있기 때문이다. 책은 내가 쓸 수 있다. 그 책이 나를 세상의 소중한 사람으로 만들어준다. 책은 쉴 때도 활동을 한다. 그 활동은 내가 한계를 극복한 만큼만 한다.

책을 쓰면 교양인이 된다

교양을 갖추면 품격 있어 보인다. 책을 쓰면 품격 있는 교양인이 된다. 세상이 원하는 수준의 교양인이 되려면 글쓰기를 버리고 책 쓰기로 나가야 한다. 책을 쓰려면 자신만의 치열한 공부와 도전은 필수이다. 교양인은 자신 안에 갇혀 있던 '한계'라는 허물을 벗은 사람이다. 잠에서 깨어난 사람이다. 페터 비에리는 《자기 결정》에서 교양을 쌓는다는 것, 그것은 잠에서 깨어나는 것과 같다고 한다. 잠에서 깨어난 사람에게는 온종일 멋지게 할 일이 기다린다.

책 쓰기가 교양이 되는 것은 자신만의 유익이 아니라 타인에게 유익을 주기 때문이다. 책 쓰기는 자신을 위해서 하는 일이지만 결국엔 타인을 위한 일, 세상을 위한 좋은 일, 선한 일이 되는 것이다. 당신이 교양인이 되고 싶다면 책을 써야 한다.

교양인 되기가 쉽지 않다. 김영하는 《단 한 번의 삶》에서 "'교양인'이 되는 것은 유능한 인간이 되는 것보다 훨씬 복잡하고 어려워 보였다. 그리고 실제로 그랬다. 우선은 공부와 경험이 필요한 것 같았다. 유명한 오페라의 음반부터 듣기 시작했다. 인터넷이 없던 시절, 음반에 끼워진 부클릿은 소중한 자료였다. 꼼꼼하게 읽고 거듭하여 들었다. 미술도 알아야 할 것 같았지만 실물을 볼 기회는 거의 없었으므로 곰브리치의 《서양미술사》 같은 책들을 통독했다. 그리고 기회가 올 때마다 유럽으로 배낭여행을 떠나 미술관들을 돌아다녔다. 책에서 본 미술사의 중요한 작품들을 눈으로 '확인'하는 여정이었다. 교양은 그 세계로 들어갈 수 있는 입장권처럼 보인다."라며 자신이 교양인이 되기 위해 쏟았던 노력을 이야기한다.

사람이 교양있고자 하는 것은 인간으로서 인간답게 살기 위함이다. 사람은 좀 더 세련되고, 교양있고, 품위 있는 사람이 되고 싶어 한다. 책을 쓰면 누구와도 대화할 수 있는 사람, 세련된 사람이 되는 길로 들어서게 된다. 교양인이 되는 것은 책을 읽음으로 시작된다. 책을 쓰는 것으로 최소한의 교양인 자격을 얻게 된다.

4 '날마다'를 출발선으로 정하라

매일 써야 글쓰기 근육이 붙는다

요즘 세상은 근육을 모으기 위한 노력이 한창이다. 근육보험이라는 말까지 생겼다. 건강한 노후를 위한 제일 좋은 보험은 돈을 많이 주는 보험이 아니라 근육을 많이 모으는 것이라는 의미다. 운동을 전혀 안 하던 사람이 시작하려면 다섯 번, 열 번 하기 어렵다. 오늘 근육 운동 몇 개 했다고 다음 날 온몸이 뻐근한 경험을 한 번쯤은 해 보았을 것이다. 그래도 그 아픔을 참으면서 일주일에 한 번 하던 것을 두 번 하고, 두 번 하던 것을 세 번 하면 근육량도 늘어난다. 근육 운동의 횟수를 이전보다 더 늘리는 것이 가능하게 된다.

책 쓰기에도 글쓰기 근육이 필요하다. 책을 쓰기 위해서는 적어도 A4 100장 정도는 써야 한다. 글을 처음 쓰는 사람이라면 A4 반 장 쓰기도 어렵다. 글쓰기도 근육 운동과 같으므로 운동처럼 매일, 날마다 글을 써서 근력을 붙여야 한다. 매일 글을 쓰면 문장력이 좋아진다. 반 장도 못 쓰던 글의 양이 한 장을 채울 수 있게 된다. 한 장을 채우기 시작하면 두 장, 세 장은 쉽게 쓸 수 있다. 글쓰기 근육을 늘리는 방법을 몇 가지 소개하고 싶다.

첫째, 베껴 쓰기다. 글을 쓰려고 앉았는데 도무지 생각이 안 나고, 첫 줄이 시작되지 않는다면 현재 읽고 있는 책을 필사하면 좋다. 읽으면서 좋은 부분을 그대로 타이핑한다. 그런데 이때, 중요한 점이 있다. 한 문장, 두 문장만을 베껴 쓰지 않는다. 중요하다고 밑줄 그어 놓은 문장이 포함된 한 단락 전체를 베껴 쓰도록 한다. 그러면 작가의 논리와 구성을 자연스럽게 배울 수 있게 된다. 좋은 문장 한두 문장만을 베껴 쓰는 연습을 하면 문장력이 쉽게 길러지지 않는다.

둘째, 책을 읽고 한 장이나 한 챕터가 끝날 때마다 거기서 새롭게 배웠거나 깨달은 것을 글로 쓴다. 이때는 많이 쓸 필요는 없다. A4 반장 정도로 쓰면 좋다. 밑줄 그은 부분을 인용한 후, 자기 생각을 덧대어 써 보는 것도 좋다. 이렇게 한 장이 끝날 때마다 글을 쓰면 자기 생각을 정리하기도 되고, 책의 내용을 기억하기에도 좋다. 연관되어 떠오르는 다른 책과 비교, 대조해 보는 것도 좋다. 호기심이 생겨 연계하여 공부하고 싶은 분야가 생기면 메모해 놓는다. 이렇게 써 놓은 짧은 글들은 나중에 책을 쓸 때 훌륭하게 활용된다.

꾸준히 써야 결과를 만들 수 있다

좋은 글, 위대한 글은 우연히 탄생하지 않는다. 꾸준히 매일 날마다 쓴 글에서 탄생한다. 글을 쓴다고 하면 쉽게 하는 오해가 있다. '영감'을 기다리는 것이다. '그분'이 오셔야 글을 쓸 수 있다고 여긴다. 쓸 기분이 되고, 쓸 기분이 만들어져야 글을 쓸 수 있다고 생각한다. 나도 그랬다. 무언가 쓸 만한 마음, 글 좀 써질 것 같은 감정과 분위기를 기다렸다. 이렇게 생각하는 것도 글은 언젠가는 쓰겠다는 것에 초점이 맞춰져 있으므로 잘하면 일주일에 한두 번 정도 글을 쓸 수 있다.

책 쓰기는 다르다. 매일 써야 한다. 기간 내에 쓰기 위해서는 매일 써야 한다. 쓰기의 흐름을 놓치면 안 된다. 나는 매일 성경책을 읽는다. 하루에 네 장씩 정해놓고 읽는다. 아침에 잠에서 깨어나자마자 그 자리에서 읽기 시작한다. 그렇게 하지 않으면 이런저런 일에 떠밀려 성경을 읽을 수 없다. 하루에 네 장이 다음 날로 밀리면 여덟 장이 되고, 또 그다음 날까지 밀리면 열두 장이 된다. 하루 밀리는 것은 괜찮았는데 이삼일 밀리기 시작하면 결국 성경책 읽는 것을 포기하게 된다. '노느라고 못 읽은 것도 아닌데, 며칠 안 읽었다고 어떻게 되지 않아.'라며 자신의 게으름을 합리화하게 된다. 그래서 아예 눈 뜨자마자 성경책부터 읽는 것을 루틴으로 잡았다. 성경책 읽기 외에도 새롭게 만든 루틴이 있다. 매일 A4 한 장 분량의 글을 쓴다. 꾸벅꾸벅 졸면서도 글을 쓴다. 쓰다가 잠들면 깨어서 마저 쓴다. 그렇게 매일 쓰고 있다.

루틴은 하기 싫다고 안 하는 것이 아니다. 루틴은 무슨 일이 있어도 하기로 정해진 내 인생의 고혈압약과도 같은 것이다. 고혈압약은 매일 먹어야 한다. 하루 먹고 하루 거르는 약이 아니다. 루틴도 마찬가지다. 하루 하고 하루 안 하고가 아니다. 매일 하는 거다.

책 쓰기에도 루틴이 필요하다. 하루에 일정한 시간을 잡아서 매일 쓰는 것이 필요하다. 그렇지 않으면 정해진 기간 안에 쓰지 못할 가능성이 매우 크다. 오늘은 바빠서 못 쓰고, 내일은 날씨가 좋아서 못 쓰고, 다음 날은 피곤해서 못 쓴다. 고혈압이라는 병을 가진 사람이 매일 아침 눈을 뜨면 고혈압약을 제일 먼저 먹는 것처럼, 신앙을 가진 사람이 매일 아침 제일 먼저 기도로 하루를 시작하는 것처럼, 매일 아침 눈을 뜨면 스마트폰의 기사를 읽는 것처럼 책 쓰기를 위한 글쓰기도 매일 해야 한다.

오전에 쓰든 하루를 마감하기 전에 쓰든, 자신에게 맞는 시간이 있다. 집중이 잘 되고 글이 잘 써지는 시간이 있다. 그 시간을 찾아보라. 새벽 5시에 일어나서 써 보기도 하고 밤 11시에 써 보기도 하라. 시간을 자유롭게 쓸 수 있는 사람이라면 오전 중에도 써 보고 오후 중에도 써 보라. 글이 잘 써지는 시간이 있다. 그 시간을 찾아서 매일 써야 한다. 반대로 어느 시간이든지 간에 정해둔 시간에 매일 쓰려고 노력하면 그 시간이 글이 잘 써지는 시간이 된다. 매일 써야 책을 쓸 수 있다. 매일 쓰지 않으면 중도 포기할 가능성이 크다. 그분이 오시길 기다리지 마라. 스마트폰을 잠깐만 포기하고 앉아서 쓰기 시작하면 글은 써진다.

쓰는 순간, 나의 세계가 확장된다

매일 글을 쓰며 자신을 발견하고 사고의 깊이를 더해야 한다. 매일 글을 쓰면 글이 성장하고 문장이 성장한다. 글만 성장하는 것이 아니다. 글 쓰는 이의 세계가 확장된다. 많은 것을 보고 듣고 읽고 느끼면서 글을 쓰지 않는다면 먹는 것은 엄청 많이 먹는데 소화와 배설을 하지 않는 것과 같다. 과식 후의 더부룩함을 느껴 보았을 것이다. 살이 조금이라도 찌면 몸이 부대껴서 갑갑한 것을 느껴 보았을 것이다. 그런데 어느 순간 살이 붙기 시작하면 음식이 다 소화되지 않았는데도 계속 먹게 된다. 지금 먹는 음식을 소화하지 못하고 있다는 자각조차 하지 못하게 된다. 그러다 몸은 걷잡을 수 없이 망가진다.

글과 생각도 마찬가지다. 어쩌면 너무나도 과한 경험 속에 쌓여

서 사는지도 모르겠다. 너무 많은 정보를 듣고 본다. 예전에는 티브이가 아니면 볼 수 없었던 뉴스들이 지금은 일반인의 스마트폰을 통해 생생히 영상으로 전달된다. 카톡이 새로 업그레이드되면서 동영상 기능을 넣자 사람들은 반발했다. 대화가 주된 기능이었던 카카오톡이 인스타그램을 따라 하려고 했을 때 사람들은 급격한 피로를 느꼈다. 사람들은 과잉 정보 시대를 살며 피로감에 절어 있다.

글을 써서 보고 듣고 느낀 정보들을 자기 생각으로 정리해서 배출해야 한다. 그렇지 않으면 세상의 수많은 정보와 감각에 둘러싸여 나만의 것을 잃게 된다. 자신의 스타일이 무엇인지도 모르는 채, 그냥 인생을 흘려보내게 된다. 정보를 실어 나르는 사람들에게 쥐어 흔들리게 된다. 영원한 소비자로만 살게 된다.

책을 쓸 때는 특히 매일 쓰기를 통해서 자신의 주제와 관련하여 무엇이라도 기록을 남겨야 한다. 그럴 때, 주제를 향한 생각이 점점 날카로워진다. 새로운 시각을 가지게 된다. 매일 쓰지 않으면 생각은 무뎌진다.

생각에 생각을 거듭하고 글의 문장을 이어가다 보면 자신도 모르는 기발한 생각이 나온다. '이거 진짜로 내가 한 생각이 맞아?'라며 이런 생각을 한 자신이 기특해지는 순간이 있다. 글을 써야만 얻어지는 것이다. 몇십 편, 몇백 편의 글이 모였을 때, 책 쓰기는 쉽게 다가온다.

무조건 한 달간 A4 한 장을 써 보라

많은 사람이 블로그에 글을 쓴다. 그러나 블로그에 쓰는 글은 신변잡기 적일 때가 많고, 주제가 뚜렷하지 않은 글일 가능성이 크다. 많은 사람이 블로그에 매일 한두 개의 글을 올리지만, 필력이 늘지 않는 이유가 그 때문이다. 블로그 활동은 열심히 하면서 카카오 브런치 북 작가에 계속 탈락하고 있다는 사람들의 이야기를 더러 본다. 글 쓰는 방법을 숙지하지 못하고 글을 써서 그렇다.

 글 쓰는 방법에서 가장 중요한 것은 주제가 선명하게 드러나는가이다. 이 능력을 키우기 위해서는 한 주제로 글을 쓰는 연습을 꾸준히 해야 한다. 먼저 책을 쓰기 전에 한 달만 몽테뉴의 《에세이》에 있는 주제로 A4 한 장씩 쓰는 연습을 하길 권한다. 프랑스의 유명한 철학자 몽테뉴는 글쓰기 형식인 '에세이'를 탄생시킨 장본인이다. 107가지의 다양한 제목으로 인간의 본성, 지혜, 삶과 죽음, 교육, 우정, 사랑에 대하여 자기 생각과 경험, 지식을 풀어냈다. 본격적인 책 쓰기로 들어가기 전에 글 실력을 비약적으로 향상하고 싶다면 몽테뉴가 제시하는 소재를 따라서 자신만의 생각을 정립해나가는 연습을 해 보길 바란다.

나도 매일 A4 한 장의 글을 쓰고 있다. 그 소재는 아주 다양하다. 꿈, 나이, 선물, 인격, 구름, 달리기, 서랍, 선생님, 욕심, 생일, 봄, 엄마, 얼음, 강아지, 파편, 머리카락, 덫, 감정, 기도 등 생활에서 쉽게 접할 수 있는 것들이다.

처음부터 A4 한 장을 쓰기란 어려울 수 있다. 쓸 수 있는 만큼으로 시작해보자. 그리고 매일 전날 쓴 분량보다 한 줄, 두 줄 더 보태보자. 그러면 누구든지 언젠가는 A4 한 장을 쓸 수 있다. 나의 자녀들도 A4 한 장 쓰기를 하고 있다. 처음에 쓸 때는 한 시간 정도가 걸렸다. 매일 쓰면서 쓰는 시간도 짧아지기 시작했다. 지금은 30분도 안 되어서 A4 한 장을 쓴다.

또 다른 방법은 그 전날 쓴 글을 다시 가져와 자기 생각을 몇 줄 더 붙여 보는 것이다. 어제는 분량을 채울 수 없었던 글이 오늘은 분량을 채운 글로 변한다. 글의 키가 자란다. 오늘부터 당장 A4 한 장 쓰기를 시도해 보자. 위에 제시한 방법들을 적용해 보며 글을 완성하는 기쁨을 맛보자. 글쓰기의 작은 성공을 경험해야 한다. '나도 쓸 수 있구나!'를 느껴야 한다. 그러면 책도 쓸 수 있다. 누구든지 쓸 수 있다. 안 써서 문제일 뿐이다.

첫 줄이 엉망이어도 괜찮다

많은 사람이 첫 문장부터 부담감을 느낀다. 어떻게 써야 독자의 이목을 끌 수 있을까를 먼저 생각한다. 사람들의 클릭 수를 높일 수 있는 글쓰기 비법들이 세상에 차고 넘친다. 그런데도 좋은 글은 넘쳐나지 않고, 글을 못 쓴다고 아우성치는 사람들은 많다.

첫 줄이 엉망이어도 괜찮다. 일단 그냥 써 내려가야 한다. 문장과 문장을 이어 나가는 것이 중요하다. 자기 생각과 경험과 지식을 써넣는 것이 중요하다. 써 내려가다 보면 문장력도 좋아진다. 글을 다 써 놓은 후에 다시 읽어 보면 이건 왜 이렇게 썼지, 이 문장은 없어도 되겠네, 이 단락은 맨 앞으로 빼면 좋겠다는 것이 보인다. 그때, 엉망이었던 첫 문장을 고치면 된다.

소설이나 시 같은 문학 작품이 아닌 실용서를 찾는 독자들은 문장이 얼마나 수려한가에 끌리지 않는다. 저자가 얼마나 참신하면서도 읽는 이의 마음을 두드리는 내용을 썼느냐에 끌린다. 저자만의 생각과 가치가 견고하다면 독자는 그 책을 덮지 않는다.

첫 줄을 잘 쓰려고 애꿎은 시간을 다 보내지 말자. 그냥 편하게 시작해보자. 자판을 두드리자. 엉망인 첫 문장이 훌륭한 마지막 문장을 불러올 것이다.

5 독자를 고려하라

제목은 독자에게 건네는 첫 문장이다

독자들은 책 제목에 끌린다. 책의 내용이 완성도가 낮더라도 제목이 끌리면 일단 선택한다. 책 제목이 중요한 것은 두 가지다. 첫째는 제목은 책의 얼굴이다. 둘째는 제목은 책의 판매와 직결된다. 독자의 책 선택은 판매로까지 영향을 미치는데, 선택의 중요한 요인은 제목이라는 것이다.

나는 몇 분과 함께 에세이 책을 공저했다. 이 책의 제목은 《비록 존재감은 없지만 삶은 행복해》로, 김도인 선생님이 지어주셨다. 처음 잡았던 가제는 〈삶의 길 위에서 만난 단어들〉이었다. 제목이 모호해서 무엇을 말하고 싶은지 주제가 분명하지 않은 것 같았다. 바뀐 제목으로 출간된 후에, 독자들의 반응이 뜨거웠다. 독자들은 제목 한 줄로도 자신의 심정을 대변하는 것 같아서 감사하다고 말해주었다. 제목만으로도 이 책이 무엇을 말하고 있는지 짐작할 수 있고, 읽고 싶다고 기대하게 했다. 책의 제목이 중요함을 깨닫게 되는 순간이었다.

제목은 독자에게 건네는 약속이자, 글의 정체성을 드러내는 책의 첫 문장이다. 제목은 신중하게 잡아야 한다. 글을 쓰기 전에는 가제로 잡고 책 집필을 끝낸 후에 제목을 다시 잡을 수 있다. 제목에 매달리기보다 초고를 먼저 완성하는 것이 낫다. 제목을 짓는 데에도 저자의 진심과 책임감이 묻어나야 한다. 아무리 저자가 제목을 정했더라도 출판사에서 변경하는 때도 있다. 이때에도 저자의 진심과 전하고자 하는 바가 잘 묻어나도록 조율하는 것이 필요하다.

좋은 제목은 독자의 마음을 끈다

책의 제목은 눈에 띄어야 하고, 사람들의 마음을 끌 수 있어야 한다. 책의 주제를 담아내면서도 뻔하지 않게 잡는 것이 좋다.

이상민 작가는 《책 쓰기의 정석》에서 제목 잡기의 주의사항을 알려준다. 판매율을 높이기 위해 자극적인 제목을 짓지 말라고 한다. 추후 자신의 브랜드와 연결되기 때문이다. 자신의 이미지에 먹칠할 제목은 절대 짓지 말라고 조언한다. 또 무작정 따라 하지 말라고 한다. 히트를 친 책의 제목을 그대로 따라하거나 컨셉을 베끼지 말라는 것이다. 예를 들면 이런 것이다. 《죽고 싶지만 떡볶이는 먹고 싶어》라는 우울증 관련 책이 베스트셀러에 올랐다고 해서 자신의 책 제목을 이 제목에서 그대로 따와 《죽고 싶지만 책은 쓰고 싶어》로 하지 말라는 것이다. 제목을 분석하되, 자신이 가진 장점을 토대로 현재의 시장 흐름을 고스란히 반영해서 제목을 만들라고 조언한다.

김학원의 《편집자란 무엇인가》라는 책에는 여섯 가지 유형의 제목을 소개한다. 대부분 책의 제목이 여기에서 크게 벗어나지 않는다. 여섯 가지 유형에 맞춘 최신 책 제목들의 예를 들어보았다. 제목을 짓기 전에 서점의 베스트셀러 도서들의 책 제목을 훑어보는 것도 좋다.

- 명사형: 《다크 심리학》, 《치즈 이야기》, 《혼모노》, 《모순》
- 명사 + 명사형: 《노인과 바다》, 《도시와 그 불확실한 벽》
- 형용사 + 명사형: 《읽는 기도》, 《선량한 차별주의자》
- 구, 절 + 명사형: 《바다가 들리는 편의점》, 《드디어 만나는 천문학 수업》
- 문장형: 《안녕이라 그랬어》, 《어른의 행복은 조용하다》, 《말끝이 당신이다》
- 의성어, 어태어 조합형: 《얼렁뚱땅 상식스쿨》, 《앗! 자전거》

목차는 글의 구조와 방향이다

책의 주제를 잡았다면 그다음 할 일이 목차 잡기다. 목차를 잡을 때는 심혈을 기울여야 한다. 처음 잡은 목차는 글을 다 쓴 후, 퇴고 과정에서 다듬어질 수 있다. 하지만 목차는 책의 주제를 정확하게 반영하므로 주제에 맞게 잡아야만 한다.

모래 위에 지은 집은 쉽게 무너진다. 반석 위에 지은 집은 비바람이 몰아쳐도 튼튼하다. 책도 마찬가지다. 책을 구성하는 틀, 곧 목차는 단순한 나열이 아니다. 그 글이 어떤 기반 위에 세워졌는지를 보여주는 골격이다.

탄탄한 구성없이 모래 위에 지어진 글은 저자의 말 하고자 하는 바를 정확하게 드러내지 못한다. 논리 없이 흘러간다. 독자에게 방향을 제시하지 못한다. 처음엔 그럴듯해 보일지 몰라도, 시간이 지나면 흔들리고, 무너지고, 잊힌다.

반석 위에 세운 글은 단단한 질문에서 출발하고, 치열한 사유를 거쳐, 정돈된 흐름으로 독자를 이끈다. 목차는 글이 세워지는 반석이다. 각 장은 하나의 기둥이고, 각 절은 그 기둥을 지탱하는 보와 벽이다.

좋은 목차는 단순히 내용을 나누는 것이 아니라, 글의 존재 이유와 독자와의 약속을 시각화한다. 저자의 생각이 어떻게 정돈되었는지를 보여준다. 독자가 이 책을 따라서 어떤 여행을 할지를 보여주는 지도이자 계획표이다.

목차를 짜는 일은 집을 짓는 일과 같다. 먼저, 무엇을 지을 것인지 묻고, 그다음, 어떤 땅 위에 지을 것인지 고민하며, 마지막으로, 그 집이 견딜 수 있는 구조를 설계하는 것이다.

좋은 목차는 독자의 읽기 여정을 안내한다

좋은 목차는 저자의 사유의 흐름을 보여준다. 독자는 목차의 흐름을 따라 저자와 함께 생각의 여행을 시작한다. 독자의 마음을 붙드는 목차일 때, 책은 독자의 선택을 받을 수 있다.

김병완 작가는 《책 쓰기 특강》에서 목차를 작성하기 위한 지침을 다음과 같이 제시하다.

> 첫째, 핵심 주제가 제대로 표현되었는가?
> 둘째, 재미있고 쉽게 표현되었는가?
> 셋째, 책의 내용과 맞는 목차 구성인가?
> 넷째, 표현이 정확하고 간결한가?
> 다섯째, 복잡하고 장황한 표현은 없는가?

여섯째, 목차들이 너무 길거나 어렵게 표현된 것은 없는가?
일곱째, 맞춤법과 띄어쓰기가 잘 되었는가?
여덟째, 독자의 눈높이에 맞추어 작성하였는가?
아홉째, 일목요연하고 가독성이 좋은가?

위에서 가장 중요한 목차의 요소는 첫 번째, 세 번째, 네 번째이다. 목차는 책의 주제를 잘 드러내야 한다. 목차가 책의 주제를 선명하게 드러내야 한다. 자기계발서의 경우 4~5개의 장과 5~8개의 하위 소제목을 잡는다. 책의 성격에 맞춰 통일성과 일관성을 갖춘 목차를 구성해야 한다.

제목은 독자의 마음을 여는 문이고, 목차는 그 마음을 이끌어가는 길이다. 저자는 이 두 가지를 통해 독자와의 첫 만남을 설계하고, 그 여정을 함께 걷는다. 제목과 목차는 단순한 기술이 아니라, 독자와 맺는 관계의 시작이다.

6

저자를 위해 초고를 쓰고, 독자를 위해 퇴고하라

책은 몇 번이고 다시 쓸 수 있다

인생을 잘 사는 방법 중의 하나를 말해달라는 질문을 받는다면, 당신은 어떤 답을 할 것인가? 나는 지나간 삶은 다시 쓸 수 없기에, 매 순간을 신중히 살아야 한다고 말할 것이다. 순간의 선택이 결과를 좌우할 만큼 저질러진 삶은 다시 주워 담을 수가 없기 때문이다. 그런 면에서는 인생을 잘 산다는 것이 어렵고 버겁게 느껴지기도 한다.

책 쓰기는 삶을 잘 살아내기보다 쉬워서 다행이다. 책은 몇 번이고 고쳐 쓸 수 있기 때문이다. 그리고 퇴고 과정을 통해 반드시 다시 써야만 한다. 좋은 글, 독자에게 읽히는 글이 되기 위해서는 고쳐 쓰는 과정이 필요하다. 헤밍웨이는 《노인과 바다》를 200번 이상 고쳐 썼다고 알려져 있다. 글쓰기의 대가 강원국 작가도 명작을 남기기 위해서는 다작하는 것보다 한 작품을 몇 번이고 고쳐 쓰는 것이 낫다고 한다.

책 쓰기에 고쳐 쓰기가 필요한 이유는 저자의 생각이 후숙의 단계를 거쳤기 때문이다. 자신이 쓴 원고의 첫 부분을 다시 보면, 어딘가 모르게 미숙하고 장황함을 발견한다. 책을 쓰는 몇 개월의 과정 동안, 저자의 생각은 더욱 발전했고 성숙했다. 잘 익은 상태에서 처음 풋풋했던 때를 되돌아보면 웃음이 나오기도 할 것이다. '이때는 이렇게 유치한 생각을 했었구나. 이때는 쓸데없이 있어 보이려 했구나.' 그런 것들이 눈에 들어온다. 책을 쓰면서 저자의 생각과 마음은 익어지고 겸손해진다. 한층 넓어진 시야의 저자에게 치기 어린 자신의 풋 내음을 찾아낼 수 있게 된다. 풋 내음을 완숙하려면 다시 고쳐 쓰는 과정을 거쳐야 한다.

퇴고하기는 삶을 살아가는 방법과 닿아있다

퇴고하는 방법은 삶을 살아가는 방법과 닿아있다. 삶은 조화를 이루어야 한다. 일의 시작과 마무리, 타인과의 관계, 성장의 단계마다 균형이 필요하다. 이 모든 것들이 어우러져서 삶을 만든다. 책도 그렇다. 책을 이루는 챕터와 소제목들이 조화를 이루어야 한다. 각자 따로 놀 수 없다. 하나의 챕터나 소제목이 갑자기 딴소리하면 안 된다. 의미와 형식 면에서 통일성을 갖추고 조화를 이루고 있는지가 중요하다.

　의미적인 면에서 소제목은 큰 주제를 드러내기 위한 방법론이 될 수 있다. 형식적인 면에서는 제목들의 길이를 맞춘다든지, 제목이 명사형으로 끝날 것인지, 문장 형일지, 제목 끝의 운율이나 리듬을 맞추면 좋다.

　삶은 그 사람의 가치를 정확하게 반영한다. 그 사람이 어떤 가치를 가지고 사느냐가 삶의 모습과 질을 결정한다. 자신과 타인, 세상으로부터 존경받고 사랑받는 삶을 사는 사람들의 삶에는 그들이 우선순위로 여기는 삶의 가치가 투영된다. 삶은 그냥 되는 대로 살아지는 것이 아니라 그 가치들을 반영하는 사고와 행동으로 이어진다. '나는 무엇을 위해 산다'라는 삶의 주제를 빨리 찾을수록 성공한 삶이라고 한다.

　책도 그렇다. 책 전체 내용이 하나의 주제를 향해 관통하고 있는가는 중요하다. 저자가 말하고자 하는 바가 명확하게 드러나 있는가가 중요하다. 이를 위해서 자르기, 붙이기, 첨가하기, 삭제하기가 필요하다. 다 쓴 원고를 다시 읽을 때에야만 비로소 명확하게 보이는 것들이 있다. 어떤 글은 단락끼리 순서를 바꾸면 더 좋아질 때가 있다. 맨 마지막 단락을 오려내 단락 맨 앞에 배치해 본다. 문장 간의 연결이 자연스러워지도록 앞뒤 문장의 순서를 바꿔

보기도 한다. 또, 지워야 할 글과 첨가해야 할 글도 보인다. 삭제할 것은 과감하게 삭제하고 부족한 부분은 보완하고 채운다.

퇴고는 독자를 위한 글이다

초고는 나를 위한 글이지만, 퇴고는 독자를 위한 글이다. 퇴고는 독자에 대한 사랑이다. 글을 고치는 손길마다, 독자와 더 깊이 연결되고자 하는 마음이 깃든다.

  이 글을 잠시 쓰다 말고 점심을 챙겨 먹었다. 책을 쓴다고 몰입하는 동안에도 일상의 삶은 이어진다. 밥을 다 먹고 설거지하기 시작했다. 매일 하던 설거지, 평소와 다를 바 없는 설거지다. 설거지할 때도 머릿속은 계속 퇴고를 생각한다. 설거지에 손이 익어 빠르게 설거지를 해간다. 컵을 헹구어 엎어 놓는다. 갑자기 설거지 한 그릇들을 엎어놓는 트레이 곳곳에 끼어 있는 물때가 눈에 들어온다. 설거지를 마치고 글로 돌아가려던 순간, 트레이에 낀 물때가 눈에 들어왔다. 그 물때를 닦아내며 문득 깨달았다. 퇴고란, 글 속에 낀 물때를 닦아내는 일이다.

  쉼 없이 글을 써 갈 때는 모른다. 어느 문장이 잘못되었는지, 어느 단락을 없애 버려야 하는지, 맨 앞에 배치한 단락이 맨 뒤에 놓으면 더 멋있어진다든지 하는 것들을 말이다. 글을 다 쓴 후, 며칠이 지난 후 글을 다시 들여다볼 때야 비로소 보인다.

퇴고할 때, 필수적으로 점검해야 하는 것들이 있다. 앞에서 언급한 하나의 주제를 향해 나아가는가는 기본이다. 다음은 그 기본 위에서 뜯어 봐야 할 것들이다.

첫째는 맞춤법과 띄어쓰기다. 문장의 기본 중의 기본이다. 초고를 쓸 때는 맞춤법과 띄어쓰기 등에 힘을 쏟지 않기 때문에 이 부분에 오류가 많을 수밖에 없다. 국내 출판사에서는 한글 프로그램을 선호한다. 한글 프로그램을 사용해 글을 쓰고, 다 쓴 후에는 도구의 맞춤법을 눌러 원고 전체를 확인한다. 편집자가 알아서 해주겠거니 하고 안 하시는 분들이 많은데, 편집자도 놓치는 부분이 있을 수 있다. 저자와 편집자의 이중 확인이 필요하다.

둘째, 비문을 올바른 문장으로 고친다. 주어와 서술어가 맞게 들어갔는지 확인한다. '은·는·이·가', '을·를', '에' 등이 잘 들어갔는지 확인한다. 쉬워 보이는 것 같지만 습관적으로 잘못 사용하는 경우가 많다. 독자는 책에 비문이 자주 등장하면 실망한다. 문장의 기본도 쓰지 못하는 작가가 무슨 작가냐고 생각되기 때문이다. 능동태로 쓰여야 하는데 수동태로 쓴 부분을 점검한다. 우리도 의식하지 못한 채 수동태를 남발하는 경우가 많다.

셋째, 너무 긴 문장은 짧은 호흡으로 바꾼다. 짧은 문장만으로는 글을 쓸 수 없다. 긴 문장만 나와도 읽기 싫어진다. 짧은 문장과 긴 문장이 서로 조화를 이루어야 한다. 문학평론가이자 작가였던 황현산 교수는 〈나를 위한 열 개의 글쓰기 지침〉에서 이렇게 말했다. "짧은 문장으로 쓰라고 조언하는 사람들이 많다. 대가들이 그런 조언을 하는 것은 짧은 문장이 반드시 좋은 문장이어서가 아니라, 긴 문장을 쓸 만한 내공이 없을 것을 염려하기 때문이다. 복잡하고 입체적인 생각을 섬세하게 드러내려면 긴 문장이 필요한데, 긴 문장을 잘 쓰려면 자꾸 써봐야 한다. 짧은 문장을 많이 쓴다고 긴 문장을 잘 쓰게 되지는 않는다. 문장을 잘 쓴다는 건 긴 문장을 명료하게 쓸 수 있다는 말과 같다."

긴 문장과 짧은 문장이 글 안에서 주거니 받거니 하며 자기 자리를 잡은 것을 느끼기 위해서는 글을 소리 내어 읽어 보면 된다. 낭독했을 때, 잘 읽히지 않고 말이 꼬이면 잘못 쓴 문장일 가능성이 크다. A4 80장이 넘는 원고를 혼자 낭독하다가는 목이 쉴 수 있다. 가족들이나 지인들에게 부탁하자. 물론 본인도 읽고!

넷째, 인용한 부분의 연결이 자연스러운지를 확인한다. 인용한 자료가 주장을 뒷받침하고 있다면 부드럽게 잘 연결되는지를 따져본다. 억지 인용, 껴 맞추기 인용이라고 생각되면 인용한 자료가 왜 그 자리에 있어야 하는지에 대해 한두 문장의 연결 문장을 만들어주면 좋다. 인용한 자료가 정확한지 다시 찾아본다. 책 제목, 작가 이름, 출처, 통계나 연도 등의 숫자, 지명 등에 오류가 있으면 안 된다. 이는 책의 신뢰도와 직결된다.

다섯째, 자르고 붙이고 첨가한다. 초고의 순서를 뒤집으면 더 괜찮은 글이 될 때가 적지 않다. 맨 앞과 맨 마지막의 순서를 바꾸어 본다. 글 중간에 있는 대화나 스토리, 명문장 등이 있으면 글의 맨 앞으로 끌어내도 좋다. 초고로 막 써놓았던 것들이 재배치를 통해 더 멋진 구조를 갖게 될 때가 있다. 글의 마무리가 덜 되었다든지, 논증이 부족한 것 같으면 내용을 첨가한다. 자신의 글을 자르고 오리고 붙이고 첨가할 수 있으려면 다른 사람의 글을 많이 봐야 한다. 그래야 글의 구조를 파악할 수 있는 시각을 갖게 된다. 특별한 능력이 아니다. 책을 많이 읽다 보면, 글을 보는 눈이 저절로 자란다. 이 능력을 갖추고 싶은 분이라면 평소보다 책을 배로 더 읽으면 된다.

7 기획 없이 쓰지 마라

내가 늘 품었던 책을 쓰지 말라

첫 책을 내는 사람들이 쉽게 쓰는 책이 에세이, 회고록, 자서전 등이다. 자신의 삶이 어떻게 흘러 왔는지를 쓰려 한다. 냉정하게 들리겠지만, 세상의 기준으로 성공한 사람이 아니고서는 사람들은 회고록이나 자서전에 관심이 없다.

다산어린이 출판사에서 나오는 WHO 시리즈가 있다. 세계적인 인물들의 이야기를 만화 형식으로 구성한 책으로 아이들에게 인기가 많다. 이 책은 위인전에 나오는 분들만이 아니라 김연아, 박지성, 유재석 등 현재를 살아가는 영향력 있는 인물까지도 포함했다. 잘 알려지지 않은 사람이 자신의 삶을 담은 책을 내더라도, 독자들의 관심을 끌게 만드는 것은 쉽지 않다. 현실적으로 책을 출간하는 데는 기본 일천 만 원 이상이라는 적지 않은 금액이 든다. 책을 내서 무료로 배포하려는 것이 아니면 저자에게도, 출판사에도 부담이 된다.

일반적으로 에세이는 이미 독자들로부터 인정받은 작가가 쓴다. 한강 작가의 《빛과 실》, 연기자 김혜자 씨의 《생에 감사해》, 가수 이적의 《이적의 단어들》 등이 있다. 일반인, 그것도 처음 책을 내는 사람들이 쓰는 에세이는 독자의 주목을 받기 어렵다. 일단 글솜씨가 좋지 않은 이유도 있지만, 무릎을 '탁' 치게 만드는 깨달음 등이 부족해서 그렇다. 많은 글을 읽고 쓰면서, 잠 못 이루는 사색을 거친 후에야 사람들에게 감동을 주는 에세이가 탄생한다.

나도 동료 몇 분과 함께 글을 써서 에세이 공저 책을 출간해 보았다. 판매 지수가 거의 오르지 않았다. 책은 무료 배포 수준에 그쳤다. 출판사에 적자를 안겼다. 삶의 이야기를 담은 에세이 책은 책을 썼다는 것으로 의의를 두어야 했을 뿐이었다. 글을 쓰는 사람들로 첫발을 뗀 의미는 있었지만, 처음부터 철저한 기획을 통해서 책을 썼으면 어땠을까 하는 아쉬움이 남았다.

기획하지 않은 책은 독자로부터 외면받는다. 기획하지 않으면 독자로부터 반응을 끌어내지 못한다. 독자의 반응은 즉각적으로 판매로 연결되므로 기획해서 써야 한다. 책이 독자의 반응을 얻지 못하면 이후 강의나 후속 활동으로 이어지기도 어렵다.

책을 출간한 후, 강의로 연결되어야 한다. 책 출간 이후 저자의 활동이 시작될 때, 저자의 핵심 콘텐츠가 빛을 발하게 된다. 저자의 콘텐츠는 유지되고 지속하면서 확장된다. 타 출판사에서도 저자에 관심을 보인다. 이런 상황이 꼬리를 물고 일어나도록 콘텐츠를 선정하고 다듬는 것이다. 누구나 쓸 수 있는 이야기, 누구나 할 수 있는 이야기가 되지 않기 위해 끊임없이 공부하고 생각하고 몰입해야 한다.

누구나 하는 이야기는 쓰지 말라

독자는 누구나 하는 이야기에는 관심이 없다. 누구나 하는 이야기는 검색만으로도 충분히 접할 수 있는 시대가 되었다. AI에게만 물어보면 잘 정리된 정보를 손쉽게 얻을 수 있다. 사람들은 AI도 알지 못하는 이야기를 원한다.

　AI도 알지 못하는 이야기가 정보 그 이상의 것을 담아낸다. 그 사람만의 독특한 경험과 지식을 연결하여 새로운 지식을 탄생시킨다. 예를 들어 '시간 관리'에 대한 책을 쓴다면, 시간 관리의 보편적인 개념과 방법을 저자의 독특한 상황과 배경에 적용하여 그와 비슷한 대상을 타깃으로 책을 써야 한다.

　저자가 주부라면 주부의 시간 관리법이라는 컨셉에서 더 나아가 육아와 가사 사이에서 잃어버린 '나만의 시간'을 되찾는 방법이라는 컨셉을 잡을 수 있다. 저자가 N잡러이면 시간을 쪼개는 것이 아니라, 다양한 일을 하면서도 창의력을 유지할 수 있도록 시간을 어떻게 관리하는지에 대한 컨셉을 잡을 수 있다.

컨셉이란 간단히 말해 핵심 아이디어나 방향성이다. 무언가를 만들거나 기획할 때 그것을 차별화하고 독창적으로 보이게 하는 중요한 요소이다. 책을 쓸 때 '누구나 하는 이야기'가 아니라 차별화된 관점을 담기 위해서는 자기만의 컨셉이 필요하다.

컨셉은 단순한 주제가 아니라, 그 주제를 특별하게 만드는 방식이나 접근법이다. 컨셉의 핵심 요소는 세 가지가 있다. 첫째, 독창성이다. 기존의 것과 차별화되는 특별한 관점이 있느냐이다. 둘째, 일관성이다. 처음부터 끝까지 유지되는 명확한 아이디어가 있느냐이다. 셋째, 감성적 연결점이다. 독자에게 강한 인상을 남겨 독자가 시간과 돈을 콘텐츠에 쓰게 해야 한다. 예를 들어, 외국어를 공부하는 방법이라는 책을 쓸 때, 핵심 단어를 활용한 외국어 공부라는 주제는 흔하지만 '현지인처럼 외국어 말하는 법'이라는 컨셉을 잡으면 독창적인 책이 될 수 있다. '이렇게만 공부하면 어디서든지 한 달 살 수 있다'라는 컨셉도 흥미롭다. 독자는 이 컨셉에 흥미를 느끼고 자신의 시간과 경제력을 할애하려고 한다.

컨셉은 단순한 주제가 아니라 그 주제를 색다르게 표현하는 핵심 아이디어이다. 책을 처음 쓰는 사람이 혼자 컨셉을 잡는 것은 어렵고 감이 잡히지 않을 수 있다. 자신이 생각하는 컨셉이 누구나 다 할 수 있는 평범한 주제라면 과감하게 접어야 한다. 독자는 자신이 생각하지 못하는 생각을 찾아다니기 때문이다. 처음 책을 쓸 때는 책 쓰기 멘토를 두는 것이 좋다. 책 쓰기 멘토와의 심도 있는 대화와 연구는 평범한 주제에 독창성을 더하게 해준다.

독자의 기억에 남을 만한 이야기를 써라

컨셉은 자기만의 분야, 저자 자신만이 쓸 수 있는 책의 주제를 설정하는 것을 말한다. 이는 저자만의 독창성을 드러낸다. 호소다 다카히로는 그의 책 《컨셉 수업》에서 사람들은 '무엇을 살 것인가'에 앞서 '왜 사는가'에 대한 답을 알고 싶어 한다고 강조한다.

  책을 쓸 때도 사람들이 이 책을 왜 사야 하는가에 대해 깊이 생각해야 한다. 책이 무엇을 위해 존재하는가에 대해 생각해야 한다. AI에게 물어보면 금방 답을 찾는 이야기가 아니라 자신만의 독특성을 나타낼 수 있어야 한다. 저자 자신만이 할 수 있는 이야기는 AI도 모르는 저자만의 경험과 메시지다.

  독자의 기억에 남길 수 있을 만한 메시지를 전해야 한다. 자기계발서의 기준으로 보았을 때, 요즘 나오는 책은 250쪽 이상은 두꺼

워서 독자가 부담스러워한다. 200쪽 이하는 너무 얇아서 돈을 내고 살만한 책이 아니라고 여긴다. 200쪽에서 250쪽 사이의 책이 가독성과 구매력을 높인다.

책에 독창성이 있는 컨셉을 담으라는 것은 책의 전체 분량을 세상에는 없는 완전히 새로운 관점의 이야기들로 채우라는 것이 아니다. 전하려는 메시지의 원리는 이미 많은 책에서 이야기하고 있을 수 있다. 독자의 관심을 끌 만한 자신만의 메시지를 정하고, 그 메시지를 논리와 감성이 어우러지도록 강조한다. 그 메시지는 문제 해결 방안일 수도 있고, 인간다운 삶의 가치 중 하나일 수도 있고, 전문가들이 알고 있는 지식을 일반인의 눈으로 쉽게 풀어낸 이론일 수도 있다.

자신만의 메시지는 무엇인가. 자신의 자녀에게, 자신과 같은 직종에 종사하는 후배들에게, 인생을 먼저 산 사람으로서 앞으로 살아가야 할 시간이 많은 사람에게 하고 싶은 말이 있는가. 남기고 싶은 말이 있는가. 그것이 자신만의 메시지가 된다.

독자가 책을 끝까지 읽고 싶어 하도록 주제를 전개해야 한다. 독자가 책을 덮었을 때, 이 한 가지만은 독자의 마음에, 뇌리에 각인시키고 싶다고 여기는 것이 단 한 가지만이라도 존재한다면 그 책은 성공한 것이다. 독자를 위한 책이다.

책은 독자의 기억에 남을 때, 생명력을 갖는다. 독자의 기억에 남는 책은 독자들의 손에서 손으로, 입에서 입으로 전달된다. 독자의 기억에 남는 책은 저자와 독자, 출판사 모두에게 이롭다.

출간기획서를 먼저 써라

기획을 거친 책은 컨셉이 확실한 책이다. 컨셉을 기획하지 않고 쓰는 책은 구체적인 방향성이 없다. 구체적인 방향성이 없으면 주제가 흔들린다. 30~40개의 작은 소제목의 글이 하나의 주제를 관통해야 책이 되는데, 주제가 흔들리면 책의 내용 자체가 흔들린다. 책 스스로 갈 길을 잃은 책은 누구에게도 영향을 주지 못한다. 이런 책은 타깃 독자가 누구인지도 모른다. 책 존재의 모호함은 저자, 독자, 출판사 모두에게 부정적인 결과를 초래한다. 저자는 힘들여 글을 썼는데 쓰나 마나한 글이 되고, 독자는 외면한다. 출판사는 경제적 타격을 입게 된다.

나는 몇 권의 책을 공저하면서 책의 내용에 맞추어 출간기획서를 맨 나중에 썼다. 그런데 컨셉을 기획하기 위해서는 책을 쓰기 전에 출간기획서를 먼저 쓰는 것이 효과적임을 깨달았다. 출간기획서에는 책의 제목과 부제, 기획 의도, 책을 쓴 이유, 이 책만의 차별성, 책의 핵심 내용, 타깃 독자층, 내용 개요 및 세부 목차, 출판 시장과 경쟁도서 비교 분석, 마케팅 방법 등이 들어간다. 처음부터 이런 내용에 대해서까지 생각하려면 힘들 수 있다. 책 쓰는 것이 더 어렵게 느껴질 수 있다. 바로 책을 읽고 글을 쓰는 것이 더 낫지 않겠나 하는 생각이 들 수 있다. 그러나 처음부터 책의 컨셉을 확실히 잡고 쓰면 자료를 모으고 소제목의 글을 써나가는 과정이 훨씬 수월하다. 목표가 명확하게 설정이 되어 있으니 책 쓰는 일에 직진으로 나아갈 수 있다.

이렇듯 출간기획서는 컨셉을 정리하는 데 핵심적인 역할을 한다. 책의 방향을 초기에 설정해 흔들리지 않고 집필할 수 있도록 도와준다. 저자가 어떤 고유한 관점과 경험을 녹여낼 것인지 명확하게 정의 내릴 수 있다. 타깃 독자가 누구인지 결정되어야 책의 문체와 구성도 일관성을 가질 수 있다. 출판사에도 책의 가치와 시장성을 논리적으로 설득할 수 있다.

책을 쓰기 전, 반드시 컨셉을 기획해야 한다. 자신이 쓰고 싶은 글을 쓴 다음 그것을 각색해서 책을 내려면 더 큰 에너지가 든다. 글을 다시 뒤엎어야 할 경우도 있다. 컨셉을 잡아 책을 쓰면 같은 시간에 훨씬 효율적으로 작업할 수 있다. 책의 컨셉은 저자와 독자, 출판사 모두를 살린다. 당신이 쓸 책의 컨셉을 잡기 위해 출간기획서를 먼저 쓰라.

기획한 책이 독자가 원하는 작가로 만들어준다

철저한 기획을 거친 책은 독자가 원하는 책이 된다. 독자가 원하는 책을 쓰는 작가는 세상 사람들의 가려운 곳을 긁어주는 역할을 한다. 독자는 그런 책을 찾는다. 독자는 독자의 가려운 곳을 긁어주고 강한 희망을 주었던 작가의 새 책을 기다린다. 기획으로 책을 쓰면 보증수표와 같은 작가가 된다.

기획하지 않고 책을 출간하면 아무도 그 책을 찾지 않는다. 책이 독자에게 읽히지 못하면 작가는 알려지지 않는다. 알려지지 않는 작가는 책을 아무리 많이 출간해도 자기만족에 그치고 만다. 아니, 자기만족도 못 하게 될 것이다. 좋은 책을 써서 세상에 도움이 되고 싶은 것이 작가의 마음이다. 기획한 책은 좋은 책이 될 가능성을 높인다.

책을 기획한다는 말은 세상의 흐름과 독자의 필요에 민감하고 독자가 원하는 것이 무엇인지에 대해 민감하게 고민했다는 것이다. '책을 기획한다'의 다른 말은 세상과 책에 대한 문해력을 높이기 위해 노력한다는 말이다.

세상에 책 쓰기 책이 많다. 이 책을 기획할 때, 책을 쓰고 싶은 독자들이 시중에 나온 책 쓰기 책이 많은데도 불구하고 아직도 쓰는 사람이 적은 이유에 대해서 생각해보았다. 책 쓰기 책 대부분이 책을 써서 경제적인 파이프를 하나 더 늘려야 한다는 목표에 초점이 맞추어져 있다. 어떻게 하면 빨리 책을 써서 자신을 홍보하고 경제력을 늘릴까에 맞춘 내용이 많다. 진심으로 책을 쓰고 싶은 독자는 그런 이유에 끌리지 않는다.

진심으로 살아온 독자는 자신의 메시지를 책으로 엮어서 세상의 그 누군가를 돕고 싶어 한다. 그리고 책을 쓰면서 자신을 되돌아보고, 자신이 누군지를 알고, 자신의 삶을 더 가치 있게 살고 싶어 한다. 이런 독자는 자신을 위한 홍보와 경제력 증가를 위해 책을 쓰라고 권하는 책 때문에 오히려 사기가 떨어진다. 좋은 내용, 사람들에게 힘을 주고, 마음을 뛰게 하는 메시지가 먼저다. 그럴 때만 경제적 이득이 자연스럽게 따라오게 된다. 이 책은 책 쓰기를 통해 자신에 대해 깊이 알고, 자신다운 삶을 살기를 원하는 사람을 위해 썼다.

읽으면 이런 책은 도대체 왜 썼나 하는 책이 있다. 그것은 기획하지 않은 책이고, 누구나 할 수 있는 하나 마나 한 이야기이기 때문이다. 그런 책은 오히려 내지 않은 것이 더 낫다. 기획하지 않은 책을 내면 저자가 더 우스워질 수 있다. 약력에 책 이름 한 줄 더 넣으려고 책을 썼다는 것을 독자는 알기 때문이다.

책을 쓰고 싶다면 반드시 기획하자. 기획하면 독자가 원하는 작가가 된다.

8 1초의 멈춤을 허락하지 마라

책 쓰기가 삶이 돼야 한다

책을 쓴다는 행위는 갑자기 어떤 프로젝트를 수행하기 위해 과제에 돌입하는 것이 아니다. 삶의 모드를 갑자기 바꾸고, '나 이제 책 쓰니까 건드리지 마십시오.'라는 선포가 아니다. 책 쓰기는 삶이다. 삶의 한 부분을 차지하라는 말이다. 어떤 상황에서도 책 쓰기를 놓지 말아야 한다. 삶의 순간들을 책과 연결한다.

책 쓰기를 삶에서 갑자기 일으키려 하면 실패하기 쉽다. 책을 쓰지 못할 가능성이 크다. 반면 책 쓰기가 삶이라고 한다면 부담이 없다. 책 쓰기가 삶이 되기 위해서는 삶의 모든 영역을 책 쓰기와 연결해야 한다.

책을 쓰기 위해서는 독자에게 전달하려는 메시지가 있어야만 한다. 자신만의 주제로 그 주제와 삶의 모든 것을 연결하면 된다. 좋은 순간, 잊고 싶은 순간들에 연결이 일어나야 한다. 심지어 먹을 때도, 대화를 나눌 때도, 씻을 때도, 볼 때도, 들을 때도, 읽을 때도, 걸을 때도, 뛸 때도, 잘 때도 삶의 모든 순간에 자신의 주제와 함께해야 한다. '모든 길은 로마로 통한다'라는 말처럼 모든 삶의 길이 책 쓰기를 관통해야 한다. 그래야 책 쓰기가 자연스럽게 이루어지고 끝을 맺을 수 있다.

생각을 놓치는 순간 나도 잃는다

인간은 생각하는 존재다. 인간이 동물과 다른 가장 큰 특이점이 바로 '생각의 가능'이다. 우리는 흔히 자신은 당연히 생각하는 존재라고 정의한다. 스스로 생각이 없다는 생각은 하지 않는다. 스스로 높은 수준이라고 평가하기 때문이다. 자신에 대한 과대평가가 이루어지는 경우가 비일비재하다. 사회적으로 '이렇다'하고 내세울 업적이 있는 것은 아니지만, 당연히 생각은 한다고 여긴다.

당신은 생각하는 존재인가? 무슨 생각을 하는가? 어떤 것에 대하여 골몰히 생각해 본 적이 있는가? 생각 없이 그냥 흘러가는 대로, 살아지는 대로 사는 것은 아닌가? 자신에게 진지하게 되물어야 한다.

생각한다는 것이 사치로 느껴질 만큼 생존을 위해 절박한 삶이 있다. 혹은 순간을 즐기며 즉흥적으로 사는 것이 행복을 줄 수 있다고 생각한다. 그럴 때는 의식적으로도 생각하기를 거부한다. 생각 없이 사는 것이 더 낫다고 여긴다. 그러나 깊이 있는 사고가 없으면 결국 성장과 방향성을 잃을 수 있다. 살아갈 이유를 찾지 못해 무기력해진다.

반면, 생각할 여유가 충분히 있음에도 불구하고 생각 없이 사는 경우도 있다. 생각은 하긴 하는데 무엇이 옳은지 그른지를 놓치고, 자신이 생각하고 싶은 대로 생각하며 산다. 이런 경우 자신은 생각하고 행동한다고 하지만 세상을 이롭게 하지 못한다.

책 쓰기를 하면 의식적인, 혹은 무의식적인 생각 없음에서 자신을 구원해준다. 책 쓰기는 생각이 수반되어야 한다. 책 쓰기는 자신과 타인을 어떻게 이롭게 할 것인가를 생각하는 일이다. 책 쓰기는 자신을 삶의 주체와 생각하는 존재로 세운다.

앞에서 언급한 것처럼 책 쓰기를 하며 삶의 모든 부분을 책 쓰기와 연결한다. 책 쓰기와 연결하면 중심 생각이 탄생하고, 중심 생각을 뒷받침하기 위한 하위 생각들이 탄생한다. 생각들의 탄생과 연결은 저자 자신이 생각하는 존재라는 절대적인 근거가 된다.

생각 없는 사람, 주관 없이 이리저리 흔들리는 사람, 그냥 되는 대로 살아가는 사람이라는 오명을 벗고 싶다면 책을 쓰면 된다. 책 쓰기를 통해 그동안 점점 사라져갔던 생각 망들이 다시 살아나는 경험을 하게 된다.

생각 망이란 정보와 경험이 한 데 섞이며 만들어진 생각이 탄생하고 순환하면서 만들어가는 생각의 그물이다. 생각 망이 촘촘해지고 더 넓어지는 경험을 하게 된다. 이 과정에서 창의력이 향상되고 논리력이 강화된다. 닉 채터의《생각한다는 착각》에서 생각 순환의 목표는 의미의 탐색이라고 강조한다. 의미를 찾는 일은 문학이나 미술도 따라올 수 없는 인간의 삶에서 풍요롭고 복잡하고 도전적이며 끝도 없는 재평가와 재해석에 대한 도전과 논쟁을 받아들이는 것이라고 강조한다.

생각을 놓치며 사는 순간 나 자신은 사라지는 것이다. 책을 쓰는 과정은 단순한 기록이 아니라, 생각의 복원, 탄생을 위한 필수적인 과정이다.

퇴로가 없을 때, 집중력이 높아진다

좋은 책은 저자가 책 쓰기의 마침표를 찍는 그 순간까지 집중함으로 탄생한다. 책을 읽다 보면 앞부분만 좋고 뒤로 갈수록 고개를 갸우뚱거리게 하는 책이 있다. 저자의 열정과 집중력이 책의 서두를 쓸 때까지만 있었다는 것을 알 수 있다.

영화평론가 이동진 씨는 서점에서 책을 고를 때 책의 3분의 2 지점을 펼쳐본다고 한다. 그 지점이 바로 저자의 집중력이 흐트러지는 지점이라고 한다. 책의 중·후반부를 읽어 보면 저자가 끝까지 책에 공을 들였는지, 아니면 공을 들이다 말았는지를 알 수 있다고 한다. 기사를 통해 이동진 씨의 방법을 접한 후, 나도 그렇게 하고 있다. 좋은 책을 고를 수 있는 효과적인 방법인 듯하다.

내가 사는 도시에 인공호수가 있다. 도시 한 가운데 만들어진 호수다. 처음 방문하신 손님을 위해 이 호수를 찾았다. 이 호수 입구에 들어서면 두 갈래 길이 나온다. 왼쪽으로 뻗은 길은 입구부터 녹음이 짙어 언제나 쉴 수 있는 길이었다. 오른쪽 길은 내리쬐는 태양 빛을 피할 곳이 하나도 없는 고난 길이었다. 손님을 위해 곳곳에 카페와 그늘이 있는 쉬운 길로 갈까 고민했다. 그러나 우리의 목표는 호수를 한 바퀴 온전히 도는 것이었다. 내리쬐는 햇빛이 무섭긴 했지만, 호수를 완전히 돌기 위해서는 퇴로가 없는 길을 선택해야만 했다. 산책로는 계속 이어졌다. 이 길로 가는 것이 맞나 의심도 들어 벤치에 앉아계시는 할아버지께 길을 물어보기도 했다. 이어지는 길로 쭉 걸으라고 알려주셨다. 30분을 걷고 나서야 한 카페에 들어가서 숨을 골랐다. 담소를 나눈 후 다시 걷기 시작했다. 10분을 더 걷고 벤치에 앉아서 준비해 간 김밥을 먹었다. 그렇게 다시 호수의 처음 입구를 향해 30분을 더 걸었다. 입구를 향하는 마지막 구간에는 양옆으로 초록색과 붉은색을 뽐내는 나무들이 즐비해 있었고, 그간 걸으면서 보지 못했던 그늘과 벤치들, 수많은 카페가 눈에 들어왔다. 우리는 서로를 바라보며 아마 이 길로 먼저 들어왔더라면 절대로 호수 한 바퀴를 돌지 못했을 거라고 말했다. 호수 한 바퀴를 도는 것이 그렇게 긴 시간이 걸릴지 몰라서 힘들기도 했지만, 우리는 뿌듯했다. 호수 한 바퀴 돌기를 완수했기 때문이다. 다시 입구에 다다랐을 때 "미션 성공!"을 외쳤다.

책 쓰기도 호수 돌기와 같다. 퇴로가 없는 산책로를 선택했기 때문에 호수 한 바퀴를 다 돌 수 있었다. 만약 쉬운 산책로를 선택했다면 입구까지만 들어갔다가 바로 앉아서 수다만 떨고는 돌아왔을 것이다. 책을 쓸 때도 퇴로를 차단해야 한다.

책 쓰기는 끝까지 집중해 마무리해야 한다. 쓰다 안 써도 그만이라고 생각하면 안 된다. 내리쬐는 햇볕이 뜨겁고 등도 땀으로 흠뻑 젖고 다리도 아프겠지만 계속 걸어야 호수 한 바퀴를 돌 수 있다. 책 쓰기도 책을 쓰는 과정에서 만나게 될 여러 가지 어려움을 이겨내야 해낼 수 있다. 책을 읽고 글쓰기 귀찮은 마음, 온갖 즐거움에서 격리되고 싶지 않은 유혹, 조금 더 쉬었다가 하자라며 미루는 마음, 책을 쓰지 않아도 아무도 뭐라고 할 사람 없다는 자기 합리화에서 벗어나야 한다. 퇴로를 차단하는 책 쓰기를 하라. 퇴로 없는 책 쓰기는 어렵지만, 그것이 바로 저자가 좋은 책을 완성하는 길이다.

끝까지 붙들면 끝이 좋다

당신은 한 번이라도 끝까지 해낸 경험이 있는가? 많은 일을 하지만 한 가지 일을 끝까지 마무리하기란 쉽지 않다. 한 가지 일을 끝까지 마무리하는 것에는 큰 노력이 든다는 것을 당신도 잘 알 것이다.

  책을 완성하는 데 필요한 요소는 많다. 하지만 가장 중요한 것은 바로 자신과 싸움이다. 책을 쓰는 과정에서 포기하고 싶어질 때, 오직 저자 자신만이 그 싸움을 끝까지 밀고 나갈 수 있다. 주변에서 뭐라고 하는 것은 아무런 이유가 되지 않는다. 저자 자신이 책 집필이라는 자신과 싸움을 완주하려는 의지가 있는가, 없는가가 가장 중요하다.

  대다수 사람은 끝까지 파지 못하는 자신에 대해 이렇게 위로한다. '끝장을 보지 않아도 괜찮아. 도전했다는 것에 의의가 있어.' 도전 자체로 만족하고 끝내버린 적은 없었는가? 진정한 변화는 끝까지 밀어붙일 때 이루어진다.

책 쓰기도 끝까지 붙들면 결과가 있다. 끝까지 밀어붙이면 끝이 좋다. 끝까지 해내는 사람만이 진정한 변화를 만든다. 책 쓰기를 완성했다는 그 자체가 이미 성공이다. 많은 사람이 책을 쓰려다 중도에 포기한다. 끝까지 완성하면 큰 성취를 이룬다. 자신과 싸움에서 이긴 것이고, 한 가지에 몰입한 경험을 얻게 된다. 책 쓰기를 끝까지 붙들 때 처음에 엉성하고 미흡했던 문장들이 발전되며 점점 좋아지게 된다. 저자 자신만 성장하는 것이 아니라 문장도 성장한다. 책 쓰기를 중간에 포기하면 미완성 된 아이디어로 남지만, 끝까지 붙들고 고민하면 점점 더 독창적인 자신만의 콘텐츠로 탄생한다. 책 쓰기를 통해 깊어지고 다듬어진 저자만의 관점은 독자들에게 도움과 감동을 준다. 무엇보다 책을 끝까지 써낸 경험은 "나는 끝까지 해낼 수 있는 사람이다"라는 자신을 향한 큰 믿음이 생기게 한다. 책을 쓴 경험은 다른 일을 할 때도 긍정적인 영향을 미친다. "그 어려운 책 쓰기도 했는데, 이런 일쯤이야 쉽게 할 수 있다."라는 자신감을 갖게 한다.

책 쓰기를 끝까지 붙들기 위해서는 몇 가지가 필요하다. 첫째, 열심히 공부한다. 일주일에 3권 이상의 책을 읽고, 신문 기사 등의 자료를 검색하는 시간을 갖고, 유튜브 등의 강의를 통해 지각을 넓힌다. 좋은 책을 쓰기 위해서는 많이 읽어야 한다. 독서와 자료 검색의 시간을 정해놓는다.

둘째, 매일 A4 한 장의 글을 쓴다. 저자가 전하려는 메시지, 주제와 연결하여 얻은 생각을 써놔야 한다. 처음부터 A4 한 장의 글을 쓰는 것은 어려울 수 있다. 그러나 A4 한 장을 목표로 써나가다 보면, 처음에는 반 장을 채우기도 어려울 수 있지만, 몇 주일만 지나도 금방 한 장을 채우는 자신을 발견하게 될 것이다. 책을 쓰기 위해서는 A4 한 장 분량의 글을 어렵지 않게 쓸 수 있는 필력이 있어야 한다.

셋째, 자신을 붙든다. 책을 쓰겠다는 것은 다른 사람을 의지하지 않겠다는 선언이다. 자기 생각을 더 깊이 발전시키고, 타인과 소통하겠다는 결심이다. 자신을 제대로 알고, 자신을 바로 세우겠다는 다짐이다. 저자가 되어 자신의 책을 통해 어느 한 사람에게라도 도움을 주겠다는 결의이다. 자신을 끝까지 붙들며 나아가야 한다. "나는 반드시 책을 완성한다! 내 이야기는 세상에 나올 가치가 있다! 나는 매일 글을 쓰며 한 걸음씩 나아간다! 끝까지 밀어붙이면, 내 책은 완성된다! 나는 저자다. 나는 내 책을 세상에 내놓아 세상에 도움을 주고 싶다! 나는 책을 쓰며 성장한다!"라는 자기 확언을 냉장고 앞, 거울, 현관문 앞 등에 붙여 놓고 수시로 읽는 것도 효과적이다.

포기하지 않고 끝까지 해내는 사람들은 끝이 좋다. 위인전 목록에 오르는 사람들만 포기하지 않을 수 있는 것이 아니다. 당신이 한 권의 책을 쓴다면 당신도 포기하지 않고 끝까지 해내는 사람이다.

Chapter 3

책 쓰기가 인생 쓰기다

1 행복한 인생을 만들어라

책, 행복을 가져다준다

책은 행복을 가져다준다. 책을 쓰면 가장 행복한 시간이 된다. 책 쓰기 전, 책 쓰는 과정, 책 출간 후 '이처럼 행복할 수 있나, 이렇게 행복해도 되는가'라는 마음을 가지게 된다.

인생 첫 책을 출간한 한 작가가 '책을 출간하니 이처럼 행복할 줄 몰랐다.', '이럴 줄 알았으면 진즉에 썼을 텐데.'라고 한다. 고기도 먹어본 사람이 잘 먹는다. 행복을 맛본 작가는 책 쓰기를 멈추지 않는다. 내가 매일 책 쓰기에 몰두하는 것은 행복을 발견했기 때문이다. 어떤 작가는 30년 이상을 저녁 일찍 잔 뒤 새벽에 일어나 책을 쓰고 출근한다. 행복하지 않다면 그런 생활을 할 수 없다.

'책은 아무나 쓰나?'라는 말이 있다. 사람들은 책 쓰는 것이 아무나 쓰는 것이 아니라고 생각한다. 이런 말에 현혹될 필요는 없다. 행복을 느끼고 싶은 사람이 되려면 생각난 김에 쓰면 된다.

사람들의 꿈은 크다. 꾼 꿈을 현실로 만들기는 쉽지 않다. 할 수만 있으면 우리는 큰 꿈은 갖는 게 좋다. 동시에 현실이 녹록지 않음도 받아들여야 한다. 우리가 꾸어야 할 꿈 중의 하나가 책 쓰기이다. 그 꿈을 이루려면 천 리 길도 한 걸음부터 걸어가듯이 하면 된다.

책을 쓸 때, 큰 꿈을 꾸어야 한다. 내 책을 사람들이 읽고 싶어 하는 꿈을 가져야 한다. 후세에 길이 남는 고전을 쓰고자 해야 한다. 누구나 베스트셀러 작가를 꿈꾸는 것은 멋있다. 고전처럼 나의 책이 후세에까지 영향을 미치면 행복하다. 책을 쓰는 진정한 목적은 나의 행복 만들기와 세상이 행복해지기 위해서다.

누구나 한 방에 베스트셀러 작가가 되는 꿈을 꾼다. 나도 마찬가지였다. 현실은 5권까지 내돈내산이란 냉정한 현실이었다. 상황은 썩 좋지 않았지만 늘 행복했다. 그 행복은 지금까지 이어져 오고 있다. 책을 쓰면서 계속 성장해가는 나 자신 덕분에 행복했고, 미약한 내 책을 통해 도전받았다는 이들이 있어서 행복했다.

행복은 거창한 것에 있지 않다. 사람이 숙면을 취하면 행복하다. 좋은 친구와의 대화가 행복이다. 이처럼 소소한 것에 행복이 있다. 책 쓰기는 위대한 것이 아니다. 소소한 것이다. 누구나 도전하면 가능하다. 책 쓰기는 행복의 대열에 합류케 한다.

책은 행복 발전소이다

책 쓰기는 행복을 가져다준다. 동시에 행복을 만들어내는 발전소이다. 발전소가 전기를 만들어내듯이 책 쓰기는 없던 행복을 만들어낸다. 잠시 행복에 머물지 않고 매일 행복을 만들어낸다. 나의 책을 보는 순간 행복하다. 서점에서 내 책을 만나면 기분이 날아갈 것 같다. 독자가 읽고 짧은 소식이라도 주면 인생 사는 맛이 난다.

나는 책 출간 후 최소한 한 달은 행복하다. 인터넷 판매처에서 내 책을 만날 때마다 행복하다. 책만 만나면 없던 행복이 만들어진다. 책은 행복 발전소이다. 끊임없이 행복을 만들어낸다. 자신만의 행복 발전소를 만들기 위해서라도 책을 써야 한다.

사람들은 글 쓰는 것이 힘들어서 책을 못 쓴다고 한다. 힘든 것 다음에 큰 행복이 온다면 쓸 만하다. 내가 하는 질문이 있다. "내 아들(딸)이 예뻐요? 남의 아들(딸)이 예뻐요?" 그 말에 사람들 반응은 "무슨 말인가?"한다. 당연히 자신의 자녀가 예쁘다고 말한다. 책은 또 다른 나의 자녀다. 부지런히 예쁜 자녀를 만들어야 한다. 육체의 자녀가 아니라 지적인 자녀다.

사람은 땀을 흘리면 개운하듯이 책을 쓰면 행복하다. 행복 발전소에서 무한한 행복을 만들어내기에 그렇다. 책은 다른 어떤 것보다 몇 배 더 행복하게 해준다. 지금까지 책처럼 행복 발전소가 되어준 것은 거의 없다.

출판하다 보면 자신을 믿을 수 없을 때가 많다. 이 책은 잘 팔릴 것 같은데 팔리지 않는다. 저 책은 안 팔릴 것 같은 데 팔린다. 책이 그렇다. 책 쓰기는 힘들어 불행할 것 같은데, 정반대로 넘치는 행복을 맛본다.

인생에서 가장 잘한 것이 책과 관련된 것이다. 먼저 책을 읽은 것이다. 책은 읽은 후에 글을 쓴 것이다. 글을 쓴 후 책을 쓴 것이다. 책을 써서 행복 발전소를 만들었다. 그 발전소를 통해 행복을 쉼 없이 공급받고 있다.

다른 사람에게 행복을 선물해준다

강원국은 《강원국의 책 쓰기 수업》에서 "책 쓰기는 먼저 산 사람의 책무다"라고 말한다. 책무가 된 것은 독자에게 읽는 행복을 주기 때문이다. 먼저 산 사람의 책무이면 다음을 살아가는 사람에게도 책무이다. 선배를 따라 책을 써 독자도 행복을 경험하게 해주어야 한다.

　책은 이중의 행복 발전소이다. 나는 물론 독자에게 행복을 선물한다. 독자는 저자가 쓴 책으로 인해 도움을 받는다. 행복이 감염되어 다른 사람에게 행복을 감염시킨다. 다른 사람에게 행복이 감염되지 않는 것은 책 쓰기가 어렵기 때문이라고 한다.

　세상에 어렵지 않은 것이 거의 없다. 많은 사람이 영혼을 갈아 넣으며 일한다. 좋지 않은 환경에서 일하는 사람도 많다. 책 쓰기는 집이나 카페 등 좋은 환경에서 일하니 어렵다고 말하기가 쑥스럽다.

　예전에 히브리어, 라틴어를 배운 적이 있다. 책 쓰기보다 더 어려운 것 같다. 너무 어려워 한 학기 더 배운 뒤 배우려 하지 않았다. 한동일은 라틴어가 어렵다지만 공부하는 사람에게 도움을 준다고 말한다. 그는 라틴어는 평범한 두뇌를 공부에 최적화된 두뇌로 활성화하고 사고 체계를 넓혀준다고 말한다.

　라틴어 공부처럼 책 쓰기도 어렵다. 하지만 도움이 크다. 생각 이상으로 큰 도움이 된다. 내가 쓴 분야에 상당한 식견이 생긴다. 세상의 흐름을 안다. 나의 두뇌가 활성화된다. 어휘력이 좋아진다. 문장력이 좋아진다. 세상을 바라보는 안목이 달라진다. 독자에게 행복을 선물로 준다.

지금과 질적으로 높은 인생이 만들어진다

책을 쓰면 이전과 다른 인생이 된다. 평범한 직장인, 주부, 학생에서 저자가 된다. 직업이 하나 더 늘어난다. 평범했었지만 비범한 사람이 된다. 이전과 다른 인생으로 살아간다. 여러 곳에서 강의를 한다. 자신이 모임을 만들어 문화의 공간을 만든다. 사람들에게 인정과 존경을 받는다. 삶 자체가 책 쓰기 이전과 이후로 구분될 정도가 된다.

김병완은 《책쓰기 혁명》에서 "(책 쓰기가) 지금도 변함없이 내 인생을 바꾸고 있다"라며 자신의 인생 게임 체인저가 책 쓰기임을 강조한다. 책을 쓰면 인생이 바뀐다. 책 쓰기 이전과 다른 인생이 만들어진다. 특히 검색하는 사람이 검색당하는 사람이 된다. 자기만족의 삶을 산다. 평범한 사람에서 특출난 사람이 된다. 불안한 노후가 보장된 노후가 된다. 불만족인 삶이 만족스러운 삶이 된다. 늘 꿈꾸던 삶을 살게 한다.

책의 효과는 강력하다. 김병완은 책을 쓰는 사람과 책 쓴 이후의 효과에 대해 이런 말을 한다.

전문가가 책을 쓰는 것이 아니다.
책을 쓰면 전문가가 되는 것이다.

성공한 사람이 책을 쓰는 것이 아니다.
책을 쓰면 성공한 사람이 되는 것이다.
똑똑한 사람이 책을 쓰는 것이 아니다.
책을 쓰면 똑똑한 사람이 되는 것이다.

책을 씀으로 전문가, 똑똑한 사람, 성공한 사람이 된다. 이전에 가보지 않았던 길을 걸어간다. 나는 한 번도 책을 쓰겠다고 생각한 적이 없다. 누구를 가르치겠다고 생각해보지 않았다. 책을 쓴 후 삶의 질이 높아졌다.

책을 쓰는 데 자격 조건이 없다. 학벌도, 연령도, 자격증도 필요 없다. 도전하면 쓸 수 있다. 그렇다면 어떤 사람이 쓰면 좋은가? 특히 자존감이 낮은 사람이다. 자신감을 되찾고 싶은 사람이다. 사람답게 살고 싶은 사람이다. 질적인 삶을 살고 싶은 사람이다. 지금보다 나은 인생, 지금보다 더 멋진 인생을 살려는 사람이다.

잠재력이 계발된다

살아오면서 늘 궁금했다. 나는 잠재력이 있는가? 무한한 잠재력을 지녔는가? 더 깊어진 고민은 나의 잠재력은 큰가? 혹은 작은가? 그도 아니면 잠재력이 없는가? 책 쓰기 전에는 잠재력이란 단어가 상관없다고 생각했다. 책을 쓴 뒤, 잠재력이 많다는 것을 발견한다.

나는 두려움이 많다. 결정을 내리는 것도 어려웠다. 책을 쓴 뒤 두려움이 많이 사라졌다. 지금은 추진력과 기획력이 있다는 말을 듣는다.

나는 2024년 홀로 인생 일대의 도전장을 내밀었다. 영어도 못하고, 한식만 먹어야 하고, 외국 음식은 맥도날드 정도만 먹을 수 있는데 40일간 동유럽을 홀로 여행했다. 책을 읽고 쓰면서 여행했다. 40일간의 여행을 마친 뒤 '도전'을 외쳤다. 이전에는 그저 '버티기'였다. 그 여행을 마친 뒤 홀로 불가능해 보이는 환경을 도전으로 극복할 수 있는 잠재력을 발견했다. 도전은 물론 도전을 즐기는 자신을 만났다.

세계적인 동기부여가 앤서니 라빈스가 뉴욕의 메디슨 스퀘어 가든에서 2만여 명의 청중을 감동하게 했다. 강연의 핵심은 "지금 이 순간 내게 가장 필요한 건 뭘까?"였다. 우리도 한 번 물어야 한다. "지금 이 순간 내게 가장 필요한 건 뭘까?" 그 대답 중의 하나가 악조건 속에서의 홀로 여행이다.

자신의 잠재력을 끌어올리는 것 중 최고가 책 쓰기다. 넘사벽 같기에 하나씩 넘으며 잠자는 잠재력을 끌어올리게 된다. 책 쓰기는 일종의 도전으로 그치게 하지 않는다. 내 안에 무한한 잠재력을 끌어올리게 한다.

평범한 사람은 자기 자신이 가지고 있는 잠재능력의 단 10%만 활용한다고 한다. "평범한 사람은 자기 자신이 가지고 있는 잠재능력의 단 10%만 활용하고 있을 뿐이다." 10%에서 20%, 30%로 끌어올려야 한다. 그 이유는 모든 사람 안에는 다듬어지지 않은 원석과 같은 잠재된 능력이 있기 때문이다.

폴 J. 마이어의 《사람들이 어떻게 살든 나는 행복해지기로 했다》에서 주인공 피터가 하는 말이 있다. "반드시 껍질을 깰 거야. 내 안에 있는 모든 잠재능력을 꺼내겠어. 꼭 그렇게 될 거야." 사람마다 내재된 잠재력이 들어 있다. 그 잠재력 깨워야 한다. 잠재력을 깨우는 순간 행복한 인생을 살아간다. 그 출발을 책 쓰기로부터 시작해보라.

2 현재와 미래의 길을 만들어라

책 쓰기는 자신 지키기이다

책 쓰기는 현재와 미래의 삶에 기회를 만들어준다. 눈앞의 보이는 기회를 손안에 넣게 해준다. 마치 문해력이 높은 사람에게는 눈앞의 기회가 매우 선명하게 보이는 것처럼 보이게 해준다. 미래가 중요하다고 말하는데 그 미래를 어떻게 만들어 갈 것인가에 대한 방법 찾기가 어렵다.

하퍼 리의 《앵무새 죽이기》와 다자이 오사무의 《인격 실격》에서는 극한의 고통을 없애기 위해 투여했던 모르핀을 거부한 사람들의 이야기가 나온다. 변호사 아빠의 아들인 젬은 이웃집에 사시는 듀보스 할머니의 정원을 엉망으로 만든다. 아빠를 보고 깜둥이를 위해 변호하는 정신이상이라고 말하는 이웃집 듀보스 할머니에게 보복하고 싶었기 때문이다. 중병을 앓고 계시던 할머니는 젬에게 정원을 망친 벌로 책 읽기를 시키신다. 젬은 한 달

동안 학교가 끝난 뒤 오후, 매주 토요일 두 시간 동안 할머니의 집을 찾아가 책을 읽어드렸다. 사실 할머니는 몇 해 동안이나 모르핀에 중독되어 있었다. 병으로 인한 통증을 잊기 위해 의사의 처방으로 몇 년간 통증 없이 지내셨던 것이다. 그러나 할머니는 자신이 죽어가는 그 순간만큼은 모르핀에서 해방되기를 원하셨다. 극한의 통증에서 벗어나기 위해서는 집중할 다른 것이 필요했다. 할머니는 젬의 낭독을 들으며 모르핀을 원하는 자신의 육체를 통제하기 위해 애쓰셨다. 다음은 할머니가 돌아가신 후 아빠가 젬에게 남기신 말이다. "시작도 하기 전에 패배한 것을 깨닫고 있으면서도 어쨌든 시작하고, 그것이 무엇이든 끝까지 해내는 것이 바로 용기 있는 모습이란다. 승리하기란 아주 힘든 일이지만 때론 승리할 때도 있는 법이거든. 겨우 45㎏도 안 되는 몸무게로 할머니는 승리하신 거야. 할머니의 생각대로 그 어떤 것, 그 어떤 사람에게도 의지하지 않고 돌아가셨으니까. 할머니는 내가 여태껏 본 사람 중에서 가장 용기 있는 분이셨단다."

듀보스 할머니는 모르핀 중독에서 벗어나려 한다. 할머니에게 죽음의 고통이 몰려오지만 자기 자신 그대로의 모습을 지키려 한다. 그 방법이 젬의 책 읽는 목소리에 의지한 것이다. 할머니는 극심한 통증 속에서도 모르핀 없이 죽음을 맞이하려 한다. 그 결심을 지켜내기 위해 책이라는 언어의 리듬에 집중한다. 젬의 낭독은 단순한 벌이 아니라, 할머니가 자신의 정신만큼은 지키려는 마지막 싸움의 동반자와 같았다.

그 장면을 떠올릴 때마다 나는 생각한다. 인간은 최후의 순간, 지키고 싶은 것이 단 하나만 남는다는 것이다. 그것은 어떤 것에도 지배받지 않는 자신의 순수한 정신이다. 모르핀은 육체의 고통을 제어할 수는 있었지만, 정신까지도 무너뜨릴 수 없었다. 할머니는 자신의 정신만큼은 정복당하지 않기 위해 몸부림쳤다. 《인간실격》의 주인공도 정신병원에 입원하는 그 순간, 자신도 모르게 몰래 넣어주는 모르핀을 거부했다. 마지막 순간만큼은 자기 자신이기를 원했던 것이다.

책 쓰기는 자기 자신을 지키게 해준다. 현재는 물론 미래의 길을 만들어준다. 책을 쓰는 동안 노력, 고독, 괴로움, 간절함, 게으름, 포기 등과 싸워 이기게 한다. 글을 써 내려갈 때 처절함, 환희와 마주해 자기만의 길을 찾도록 도전한다. 책 쓰기는 자신을 살리는 약이다. 자신을 지키는 보약이다.

현재를 충실하게 살게 해 준다

책을 쓰면 현재를 충실하게 살지 않을 수 없다. 많이 연구하고, 고민하고, 생각하며 시간을 사용해야 한다. 어떤 때보다도 시간을 많이 투자해야 하므로 시간 낭비가 힘들다. 책 쓰기 기간은 철저한 자기관리에 돌입해야만 하는 시기다. 만약 자기관리가 안 되면 책을 쓸 수 없다. 현재를 충실하게 살아야 하는 것은 기본이다.

책 쓰기 코칭 도중 포기하는 사람을 만난다. 포기 이유가 다양하다. 분명한 것은 그의 포기는 현재를 충실히 사는 것에 실패했다는 것이다. 일상의 삶에 책 쓰기가 보태진다. 상황이 바뀌면 삶을 조정해야 한다. 삶이 책을 쓸 수 있도록 관리해야 한다. 현재를 더 충실하게 살아야 한다.

책 쓰기를 완주하려면 '골디락스 법칙'을 자신 안에서 접목해야 한다. 골디락스 법칙이란 인간은 자신이 할 수 있는 적합한 일을 할 때 동기가 극대화되는 경험을 한다는 것이다. 책 쓰기를 하면 쓰고야 말겠다는 동기가 극대화되어야 한다. 골디락스 법칙에 따라 책 쓰기가 자신이 할 수 있다고 여길 만하게 해야 한다. 보통의 사람은 극단적으로 치우치지 않고 중간 어디쯤에 있으면 도전하려 한다. 수준이 너무 높으면 도전이란 생각조차 하지 않는다. 중간에 있으면 나도 할 수 있겠다는 생각을 한다.

책 쓰기는 어떤 마음을 먹느냐에 따라 너무 어려울 수 있다. 마음에 따라 나도 할 수 있는 동기화를 가질 수 있다. 나도 한 번 도전할 수 있다고 생각이 드는 순간 쓰고 싶다는 동기, 쓰고야 말겠다는 동기부여가 되어 책을 쓸 수 있다. 골디락스 법칙에 따라 살면 좋은 습관이 형성된다.

좋은 습관을 지닐 때 현재를 충실하게 살 수 있다. 좋은 습관이 현재를 만족스럽게 살게 한다. 제임스 클리어는 《아주 작은 습관의 힘》에서 좋은 습관을 만드는 네 가지 법칙을 말한다.

첫 번째 법칙(신호): 분명하게 만들어라.
두 번째 법칙(열망): 매력적으로 만들어라.
세 번째 법칙(반응): 하기 쉽게 만들어라.
네 번째 법칙(보상): 만족스럽게 만들어라.

위의 네 가지 법칙을 완수하려면 현재를 충실하게 살아야 한다. 책을 쓸 때는 습관이 중요하다. 좋은 습관을 갖지 않으면 책 쓰기가 거의 불가능하다. 특히 세 번째 법칙을 적용하여 책이 써지는 습관을 만들어야 한다. 할 수 없는 습관으로는 책 쓰기는 물 건너간다. 반대로 쓸 수 있는 습관을 지니면 만족스러운 결과를 얻는다. 타인과 비교할 필요가 없다. 누구는 한 달 만에 책을 쓰고, 누구는 3개월 만에 책을 쓴다. 거기에 요동할 필요는 없다. 자신이 해낼 수 있는 분량으로 매일 하면 된다. 작은 성취감들이 쌓일 때, 자신에게 저절로 보상해주고 싶은 마음이 들 것이다.

책 쓰기를 완성한 후, 책 쓴 시간을 되돌아보라. 얼마나 치열하게 살았는지, 얼마나 시간을 아끼며 살았는지, 매일 글을 쓰며 애쓰던 자신을 보게 될 것이다.

삶의 지루함을 극복하게 해준다

　책을 쓰면 지루한 일상이 없다. 바쁜 루틴의 삶을 산다. 지루함만 제거하지 않는다. 기대감을 갖게 해준다. 지루한 삶은 아마추어와 같은 삶이다. 한가함이란 단어는 사치스럽다. 제임스 클리어는 전문가와 아마추어의 차이는 지루함 극복 여부라고 말한다. 최고의 선수들과 보통 사람들의 차이는 어느 시점에 이르러 매일 하는 훈련에서 오는 지루함을 견디는 것이다.

　책 쓰기라는 같은 일을 오늘, 내일, 모레도 하려면 지루함을 견뎌야 한다. 나는 매일 카페에서 읽고 쓴다. 오전, 오후, 저녁에 같은 작업이 지루하면 해낼 수 없다. 그런 행위가 지루하면 작심삼일이 된다. 그렇지 않으니 오랜 시간 하고 있다.

　제임스 클리어는 성공의 가장 큰 위협은 실패가 아니라 지루함이란다. 우리에게 주어진 휴식시간이 짧아서 큰 즐거움을 얻기는 어렵다. 그러나 휴식의 지루함을 잠시라도 참지 못해 스마트폰을

달고 산다. 지루함에 패배한 삶의 단면이다.

책을 쓸 때도 지루함이 엄습할 때가 있다. 어쩌면 지루함이 빨리 찾아올지 모른다. 책이 잘 써지지 않거나, 글이 써지지 않을 때이다. 이럴 때는 멍하니 앉아 있거나, 스마트폰을 잠시 시청하거나, 산책할 때이다.

나는 때론 책을 쓰기가 힘들고, 지루함이 희열을 삼킬 때가 있다. 이럴 때는 마냥 빈둥거리고 싶다. 타이핑하기가 싫다. 누군가를 만나 여행을 떠나고 싶다. 하지만 이런 경우는 거의 없다. 책 쓰기가 지루함을 파편화시키기 때문이다.

책을 쓰려면 매일의 글쓰기에서 순간순간 매력을 느껴야 한다. 때론 지루함과 사랑에 빠져야 한다. 지루함이 사라지는 순간 자신이 쓴 글들이 모여 책으로 출간된다.

미래의 길이 만들어진다

책을 쓰면 미래에 할 일이 생긴다. 책은 저자를 결코 방치하지 않는다. 스스로 밤낮없이 활동해 저자가 이리 뛰고 저리 뛰게 만든다. 활동적이지 않은 사람도 이곳저곳에 활동하게 해준다.

책을 쓸 때 독자를 기쁘게 해주고 만족시켜 주어야 한다. 독자를 만족시켜 주면 책이 말없이 활동한다. 저자의 미래를 차곡차곡 준비한다. 미래의 길을 만든다.

김영하는 《단 한 번의 삶》에서 어릴 적 인생을 선불제로 생각했다고 말한다. 성인이 된 지금은 인생은 후불제라고 생각하고 있다. "어릴 적 나는 인생을 선불제로 생각했다. 좋은 학교에 들어갈 때까지 죽어라 공부만 하며 현재를 '지불'하면 그만큼의 괜찮은 미래가 주어지는 줄 알았다. 밤을 새워 소설을 쓰고 몸을 축내면 그 대가로 편안한 미래를 받을 수 있다고 생각했다. 언덕을 오를 때는 힘들지만 내려올 때는 편하듯이, 고생과 노력은 초반에, 그 과실은 생의 후반에 따먹는 것이려니 했다." 그는 인생이 선불제라 현재를 지불하면 미래가 주어지는 줄 알았다고 한다. 지금은 인생은 선불제가 아니라 후불제라고 말하지만 우리가 알듯이 그는 성공적인 미래를 만들었다.

나의 경우는 공부를 죽어라 한 결과로 인생의 선불제, 후불제를 고민할 수 없었다. 죽어라 공부해서 미래를 만들었다. 종종 이런 말을 한다. "책으로 미래를 만들었다." 나는 책을 쓸 때 한 가지 소원이 있었다. 내가 쓴 책으로 평생 일하며 살기를 바랐다. 평생 일할 수 있는 기틀을 준비했으니 성공했다고 자신 있게 말할 수 있다.

3 나만의 인생을 만들어라

발전을 거듭해야 한다

책 쓰기는 자신 발전의 기폭제이다. 독서와 글쓰기를 아우르는 과정이다. 책을 씀으로 생각, 언어, 문장이 몇 단계로 도약할 수 있다. 책을 시작할 때 무엇을 해야 할지 막막하다. 잘 쓰고 있는지도 모른다. 책을 완성할 즈음이면 눈에 띄게 달라진다.

처음에는 불확실하던 것이 확실해진다. 안개 속에 가려져 있던 것이 밝히 드러난다. 자신이 말하고자 하는 바가 무엇인지, 자기 생각이 무엇인지, 글을 쓰면 쓸수록 알 수 있다. 글을 쓰면서 점점 생각이 날카로워진다. 글쓰기가 축적될수록 보고 듣고 깨달은 많은 정보가 어떤 방향으로 나아가야 하는지 분명해진다.

피터 엘보는 《글쓰기를 배우지 않기》에서 무조건 초고를 완성하라며 다음과 같은 조언을 한다. "무질서와 나쁜 글을 기꺼이 받아들여야 한다. 양적으로 많이 써 놓고 글을 쓰는 동안 무슨 생각을 했는지 알아낸 다음에, 앞으로 돌아가서 질서를 찾고 통제력을 회복해서 좋은 글이 되도록 다듬으면 된다. 글의 질을 높이고 싶다면, 즉 실제로 글을 마무리 짓고 싶다면 쓰레기 같은 글이든 말이 안 되는 소리든 다 받아들여야 하는 것이다."

그는 무작정 쓰고 보라고 한다. 한동안 '의식의 흐름대로'라는 말이 유행했다. 책 쓰기 시작할 때는 의식의 흐름대로 써봐야 한다. 만약에 사랑에 대한 글을 쓴다고 하자. '사랑'하면 떠오르는 것들을 써본다. 틀린 글자나 문법은 생각하지 않는다. 그저 쓰는 데만 집중한다. 글이 막히면 중간중간 바깥에서 들려오는 소음과 지금 내 눈앞에 펼쳐져 있는 주변 환경도 써 본다. 글을 쓰는 동안 앉아 있는 곳에서 흘러나오는 노래에 관해서도 써 본다. 그러다가 다시 써야 하는 주제어인 사랑으로 돌아온다. 처음에는 사랑에 대해서 자신이 무엇을 말해야 하는지를 모르겠다고 생각하고 썼다. 글을 쓰면 쓸수록 사랑에 대해서 내가 하고자 하는 말이 무엇인지 점점 뚜렷해진다. 사랑이 소중해서 지키는 것인지, 나 자신을 사랑하는 것처럼 이웃을 사랑해야 한다는 것인지, 사랑은 아픈 것이므로 마음을 지킬 수 있는 범위에서만 해야 하는지 자기 생각이 가닥을 잡게 된다. 그렇게 무엇을 쓰고 싶은지를 찾게 되면 이제 그 주제를 중심으로 글을 쓰면 된다.

처음에 사고는 자유롭게 이리저리 흐른다. 기지도 앉지도 못하는 아기 같다. 자기 생각이 무엇인지 표현하는 것이 서툴기만 하다. 글이 계속 써지면서 사고도 가닥을 잡는다. 흐름을 잡는다. 어떻게 쓰면 되겠다는 것이 보인다. 그 문장을 중심으로 몇 개의 단락이 모인다. 한 편의 글이 탄생한다. 언어와 사고는 글쓰기 과정을 통해 거듭 좋아진다. 어엿한 성인처럼 자기 생각을 뚜렷하게 표현할 수 있게 된다. 이렇듯 글쓰기는 이미 완성된 과정이 아니라 숙성을 향해 나아가는 과정이다.

책 쓰기는 일련의 자아 발전 과정을 보여주는 과정이다. 책을 쓰는 동안 우리는 글을 완성하는 것이 아니라, 글이 자신을 완성해간다. 글이 성장하는 것이 아니라, 자신이 성장한다. 그리고 그 완성은 언제나 다음 문장을 향해 열린 자신을 발견하게 한다.

쓰는 대로 살게 되고 사는 대로 쓰게 된다

헤밍웨이는 진실한 글쓰기를 그의 글쓰기 신념으로 잡았다. 그는 진실한 글은 자신이 잘 알고 있는 것에 관해 쓰는 것이란다. 책 쓰기만큼 진실한 글이 있을까 생각해본다. 자신이 잘 알고 있는 어떤 것에 대해서 끊임없이 파고들어 몰입하는 방법은 책 쓰기이다.

꾸준히 글을 써 왔다면, 이제 도전해야 할 것은 책 쓰기이다. 글들이 모여 책이 되는데, 책은 글보다 힘이 더 세다. 글은 정보와 이야기를 전해주는 한 방편에 지나지 않을 수 있다. 책은 글과 글들이 모여 글쓴이의 고민과 깨달음과 경험과 지식을 하나로 집대성한 작가의 분신이라고도 할 수 있다. 책은 작가를 대변할 정도로 큰 정체성을 지닌다. 그런 책이 진실하지 못하다면 작가의 정체성 자체를 부정하는 것이 된다. 세상에 '책'만큼 진실한 것은 없다.

자신이 잘 아는 것은 무엇일까 생각해보라. 자신이 잘 알고 싶은 것은 무엇일까도 생각해보라. 자신이 잘 아는 것은 자신의 경험, 자신의 배움과 관련된 분야의 무언가일 것이다. 우리 각자 개개인의 경험과 배움은 다 다르다. 마치 얼룩말의 무늬처럼, 손가락의 지문처럼 비슷하면서도 독특하게 자신만의 색깔을 가지고 있다. 자신만의 색깔을 세상에 남길 수 있는 가장 진실한 방법은 바로 책 쓰기이다.

책 쓰기에는 거짓이 개입될 수 없다. 헤밍웨이는 작가는 최소한 두 사람을 위해서 글을 쓴다고 했다. 그 첫 번째 사람은 작가 자신이고, 두 번째 사람은 작가가 사랑하는 사람이다. 그 사랑하는 사람이 이 세상에 존재하지 않든 존재하든 간에 말이다. 글쓴이는 글 쓰는 자신을 속일 수 없고, 글쓴이가 사랑하는 사람을 속일 수 없다. 글은 그렇게 진심과 진실을 기초하여 만들어진다. 진심은 글쓴이가 제일 잘 알고 있고, 제일 잘 알고 싶은 것에서 나온다. 그럴 수밖에 없다. 글쓴이는 자신이 잘 알지도 못하는 것을 아는 척하면서 쓸 수 없기 때문이다.

유영만은 《책 쓰기는 애쓰기다》에서 자기 삶의 이야기, 삶의 경험을 활용하여 누구든지 책을 쓸 수 있다고 한다. 작가가 살아낸 삶만이 진실한 글이 될 수 있다고 한다. 그렇다면 자서전 형식이 아닌 다른 형태, 다른 주제로 어떻게 책을 쓸 수 있을까 하는 질문이 생긴다.

자기 삶의 경험을 활용하여 어떻게 책을 쓸 수 있을까? 삶에서 자신이 부딪혔던 큰 고민, 큰 문제들, 어떻게 이 난관을 뚫을 수 있을까 고민했던 것들을 책으로 쓸 수 있다. 자신이 살아온 대로 쓸 수 있고, 쓰는 것만큼 살 수 있다. 과거가 실패와 잘못으로 점철되어 있더라도 그 속에서 얻어진 교훈과 지혜를 당신과 똑같은 것, 비슷한 것을 겪은 사람들, 당신이 경험한 것 자체를 경험하지 못한 이들에게 남겨라. 당신이 남긴 책은 누군가에게 미래를 살아갈 교훈과 지혜, 깨달음이 된다. 책을 쓴다는 것은, 살아낸 삶을 다시 사랑하는 일이다. 그 사랑이 진실한 글을 만들고, 진실한 글이 다시 삶을 이끈다.

삶의 가치가 견고해진다

책 쓰기에 본격적으로 돌입하기 전에 먼저 짚어보면 좋은 것이 있다. 바로 삶의 가치다. '자신이 중요하게 여기는 가치는 무엇인가? 자신의 삶을 이끌어 가는 신조는 무엇인가? 자신의 삶의 핵심 가치를 다섯 개로 잡아본다면 그것은 무엇인가? 당신은 그 가치들을 어떻게 정의하고 있는가?'에 대해 생각해보는 것이다.

이 글을 읽고 있는 당신은 당신의 삶의 가치에 대해서 생각해 본 적이 있는가? 어릴 적 수업시간에는 담임 선생님이 종종 '가훈'이 무엇인지 질문하셨다. '가훈'은 가족 공동체가 지켜야 할 신념이었다. 지금, 이 순간에는 가족 공동체가 아닌 개인으로서 본인이 고수하고 싶고 귀하게 여기는 가치는 무엇이 있는지 생각해보자.

왜 책 쓰기를 하기 전에 삶의 가치를 먼저 돌아보아야 할까? 바로 책 쓰기를 통해 독자에게 전달하고자 하는 것, 자신의 책을 통해 독자에게 이런 영향력을 주고 싶다는 것이 '자기 삶의 가치'와 연결되기 때문이다.

삶의 가치가 '도전'인 사람이 책을 쓴다면 그 책은 분명 독자에게 도전을 주는 책이 될 것이다. 삶의 가치가 '사랑'인 사람이 책을 쓴다면 그 책은 독자가 '더 사랑하는 삶'을 살 수 있는 길잡이가 되어줄 것이다. 삶의 가치가 '성실'인 사람이 책을 쓴다면 그 책은 독자가 '더 성실한 삶'을 살 방법을 제시할 것이다.

책에는 작가의 가치관이 반영될 수밖에 없다. 작가가 살아온 삶과 가치관이 책에 투영되기 때문이다. 그런데 많은 사람이 자기 삶의 가치가 무엇인지 모르는 채 되는 대로 살아가고 있다. 한번 흰 종이 위에 자신의 삶을 지탱하고 있는 가치에 관해서 써 보자. 3가지도 좋고 5가지도 좋다. 그 가치들 속에서 분명 책으로 전달하고자 하는 이야기를 찾을 수 있다. 당신의 삶을 지탱하는 가치가 곧 당신의 책이 될 것이다. 그 가치를 써 내려가는 순간, 당신만의 인생이 시작된다.

자기만의 스타일이 만들어진다

책을 처음 쓰기 시작할 때는 아무런 제한을 두지 말아야 한다. 형식과 문법, 문장의 길이, 어휘 사용 등 이렇게 저렇게 해야 한다는 것에 얽매이면 안 된다. 자기 생각을 자유롭게 막힘없이 풀어내는 것이 필요하다. 그러기 위해서는 무조건 많이 써야 한다. 눈에 걸리는 모든 것, 생각에 걸리는 모든 것들을 글로 써보는 거다. 그렇게 쓰다 보면 자신만의 문체, 자신만의 스타일, 자신만의 글쓰기 감각이 생겨난다.

조치훈은 그의 저서 《고수의 생각법》에서 초보자들은 바둑을 빨리 두면서 자신만의 감각을 길러 나가야 하는 편이 낫다고 조언한다. 바둑알 한 알을 놓기 위해 너무 많은 시간을 소비하며 고민하기보다는 빠르게 놓으라는 것이다. 그러면서 실수가 나오기도 하지만, 실수를 통해 배우고, 자신만의 감각이 쌓인다고 한다. 그렇게 자기만의 감각이 쌓일 때, 서서히 수읽기가 되기 시작한다고 한다. 책을 처음 쓸 때도 마찬가지다. 이때는 무엇을 쓸까 어떻게 쓸까를 고민하기보다는 그저 써 내려가야 한다. 그렇게 계속 쓰다 보면 자신의 글을 자신이 고칠 수 있게 된다.

바둑 초보가 고수가 되어가면서 오래 생각하고 한 수 한 수에 모든 것을 거는 장고 바둑을 두게 되는 것처럼 책 쓰기 초보자도 일단 써 내려가는 작업에 몰두하다 보면 자신만의 스타일을 찾게 되고 무엇을 쓰고 무엇을 쓰지 말아야 할지 알게 된다. 그러면서 책 쓰기로 발전할 수 있다. 한 권의 책 쓰기를 완성하고 싶다면 형식과 법칙에 얽매이지 말고 자유롭게 쓰기 시작하라. 다듬고 잘라내고 보태는 것은 초고를 완성한 후에 하면 된다. 글을 쓰는 손끝에서 당신만의 언어가 태어난다. 그것은 누구도 흉내 낼 수 없는 당신만의 리듬, 당신만의 인생이다.

4 삶에 혁명이 일어나게 하라

책은 영향력이 막강하다

책은 영향력이 크다. 남의 인생을 내 인생으로 살게 한다. 이전에는 남의 인생으로 살았다면, 이제부터 내 인생을 산다. 내 인생을 산다는 것은 인생을 바꾸어준다는 말이다. 책을 씀으로 내 인생이 바뀐다. 평범한 사람이 영향력 있는 사람이 된다.

누군가 성실과 열정으로 사는 것은 영향력 있는 사람이 되기 위해서이다. 책이 타인에게 주는 영향력은 강력하다. 책이 영향력이 있는 것은 책은 삶이 투영된 결과물이기 때문이다. 책은 자신과 무관하지 않고 자신이 살아온 삶의 결과이다. 강원국은 《강원국의 글쓰기》에서 "10시간 말하면 한 권의 책이 된다"라고 한다. 10시간 말을 할 수만 있어도 한 권의 책이 되는데, 살아온 삶에서 책 몇 권 나오는 것은 우습다. 그는 1시간 말할 수 있으면 15분짜리 4개의 글이 나오고, 10시간 말하면 40개의 글을 쓸 수 있다고 한다. 40개의 글이면 한 권의 책이 된다고 말한다.

　40개의 글로 만들어진 한 권의 책은 출간되면 주목의 대상이 된다. 연락 없던 사람과 연락이 닿는다. 나를 책을 쓸 수 있는 사람으로 보지 않았다가 놀란다. 보잘것없게 여겼는데 다르게 보기 시작한다. 책은 생각하는 것 이상으로 영향력이 크다. 국내만 아니라 해외까지 퍼져나간다. 책이 영향력이 있는 것은 잠자지 않고 일하는 데 있다. 사람은 일한 뒤 잠을 자야 하지만 책은 잠자지 않고 일한다. 잠자지 않고 일해주니 영향력을 만들 수밖에 없다. 책을 쓸수록 영향력이 커지는 것은 당연하다. 내가 관심 두는 사람들, 내게 영향을 준 사람은 작가이다.

　미래학자 앨빈 토플러는 "한국의 학생들은 하루 15시간 동안 학교와 학원에서 미래에 필요하지도 않을 지식과 존재하지도 않을 직업을 위해 귀중한 시간을 낭비하고 있다."라는 아픈 말을 했다. 미래에 필요하지도 않을 지식과 존재하지도 않을 직업을 위해 귀중한 시간을 낭비한다고 했는데 책은 그렇지 않다. 책은 다양하게 활동할 수 있도록 장을 마련한다. 전문 분야를 최대치로 확장시킨다.

　독일의 시인 괴테는 "무엇이든 할 수 있다면, 아니, 할 수 있다는 꿈을 갖고 있다면 그것을 시작하라. 대담하다는 것, 그 자체가 천재성이고 힘이며 마력이다."라고 말했다. 괴테의 말처럼 책을 쓰기 시작하는 그 자체가 천재성이고 힘이며 마력이다. 그 천재성과 마력을 발휘할 수 있는 기회가 있으면 도전해야 한다.

MZ세대가 사용하는 말 중에 '갓생 콘텐츠'가 있다. 성공공식보다 성장에 더 큰 의미를 두는 MZ세대들의 도전 활동을 도와주는 콘텐츠이다. 책 쓰기는 갓생 콘텐츠이다. 갓생 콘텐츠이므로 영향력이 점점 증대되는 것은 당연하다.

영향력의 도미노 현상이 일어난다

책은 영향력의 도미노 현상을 일으킨다. 도미노 현상이란 첫 번째만 무너지면 나머지 도미노들은 연달아서 아주 쉽게 무너지는 것이다. 책을 쓰면 삶과 하는 일에서 도미노 현상이 일어난다.

책은 영향력이 강력하다. 먼저 아들에게 영향을 주었다. 제자들과 주위 사람들에게 여전한 영향을 주고 있다. 나는 책을 써서 해외, 국내 등 많은 지역에서 강의할 수 있었다. 자금도 매일 한 번 이상의 다양한 강의를 한다. 시간이 흐를수록 할 일이 많아진다.

리사 크론은 《끌리는 이야기는 어떻게 쓰는가》에서 작가들은 세상에서 가장 영향력 있는 사람들 가운데 하나란다. "작가들이 세계에서 가장 영향력 있는 사람들 가운데 하나이며, 왜 언제나 그럴 수밖에 없는지를 설명해준다. 작가들은 단지 등장인물의 눈을 통해 삶의 단면을 넌지시 보여주는 것만으로 독자들의 사고방식을 바꿀 수 있다. 작가는 독자를 한 번도 가보지 않은 곳으로 보내기도 하고 꿈꿔왔던 상황 속으로 밀어 넣기도 하며, 그들의 현실 인식을 송두리째 바꿔놓을 수 있는 미묘한 보편적 진리를 드러내 보이기도 한다. 아주 다양한 방법으로 작가들은 독자들이 밤을 지새울 수 있게 돕는다. 그리고 그건 결코 하찮은 일이 아니다." 한 명의 작가가 사람들에게 미치는 영향은 생각 이상이다.

책의 영향력을 알기에 가까운 사람에게 "책을 쓰세요"라고 권한다. 책의 영향력을 체험했기 때문인데 그 말을 귀담아듣는 사람이 거의 없다. 대부분 지금 사는 대로 살겠다고 한다. 하지만 소수가 그 말을 귀담아듣고 책을 썼다. 그들은 다른 사람을 가르치며 나름의 영향을 미치며 살고 있다.

강력한 영향력을 미친다

책의 영향력은 강력하다. 사람이 사는 방식을 바꾸어놓는다. 1960년대는 텔레비전의 등장이 우리가 세상을 바라보는 방식을 크게 바꾸어놓았다. 애플의 아이폰이 2010년대 스마트폰으로 삶을 바꾸었다. 2020년대는 AI가 세상을 바꾸고 있다. 지금 AI의 영향력이 천지개벽할 정도로 엄청나다. AI회사인 엔비디아의 영향력이 점점 커지고 있다. 책은 그 이전에 세상을 이끌어왔다. 영향력이 축소되었지만, 영향력은 여전하다.

조선 시대 선비가 교양인을 대표했다. 유럽의 신사가 교양을 대표했다. 교양을 갖추면 세상을 이끌 수 있었다. 지금은 책을 쓰는 사람이 교양인이다. 세상에 영향력을 주고 있다. 책을 쓰면 영향력이 강력하다. 세상을 주도적으로 바꾸고 있다.

세상을 바꾼 사람이 있다. 그 사람이 책을 썼다. 특히 책이 세상을 바꾸고 있다. 성경, 불경, 동양 철학, 서양 철학, 고전적인 문학 등은 세상을 바꾸었다. 몇 년 전에 영국 문학지 탐방을 다녀왔다. 그 여행이 나에게 미친 영향력은 지금도 강렬하게 남아 있다. 당시 영국, 아일랜드에서 조너선 스위프트, 샬롯과 에밀리 브란테, C.S 루이스, 찰스 디킨스, 윌리엄 셰익스피어, J.R.R. 톨킨, 제임스 조이스, A. J. 크로닌 등을 만났다.

이전에는 학위의 영향력이 대단했다. 박사학위만 있으면 한평생 사는 데 지장이 없었다. 지금은 영향력이 많이 줄었고, 그 영향력은 책으로 넘어왔다. 지금은 책을 쓴 작가들의 영향력이 무척 크다. 작가 한강이 한국인으로는 처음으로 노벨문학상을 받았다. 그녀의 책이 한국 사회와 국제 사회에 끼친 파급력은 엄청나다.

그녀의 인생을 바꾼 것은 말할 것이 없다.

책이 인생 최고의 학위가 되었다. 작가 김도사는 《평범한 사람들 1개월 만에 작가로 만드는 책 쓰기 특강》에서 "나는 내 이름 석 자가 들어간 책이야말로 '인생 최고의 학위'라고 자신 있게 표현한다. 책을 쓰는 순간 해당 분야의 전문가가 되기 때문이다."라고 강조한다.

책이 해당 분의 전문가로 만들어준다. 학위가 없어도 책을 쓰면 전문가로 인식된다. 부아c는 《마흔, 이제는 책을 쓸 시간》에서 책을 쓰면 세 가지 삶이 달라진다고 말한다. 첫째, 작가가 된다. 자신에게 붙은 작가라는 정체성은 계속 책을 쓰는 데 힘이 된다. 둘째, 영향력이 생긴다. 자신의 플랫폼에 자신의 책을 읽은 사람들이 유입된다. 셋째, 강연자가 된다. 강력한 영향력을 미치는 책을 할 수만 있으면 써야 한다. 책은 고급은 명함처럼 되어 언론 인터뷰보다 더 영향력이 크다.

달라진 인생을 산다

책은 달라진 인생을 살게 한다. 책을 쓰면 삶이 Before와 After로 나뉜다. 읽기만 해도 달라진 인생을 산다. 책을 쓰면 더 달라진 인생을 살아간다. 나의 인생도 책을 쓰기 전과 쓴 후로 나눌 수 있다.

사람은 잘 달라지지 않는다. '인간은 변하지 않는다'라는 말이 있지 않은가? 책은 사람을 변화시킨다. 나도 책이 나를 바꾸리라 생각하지 않았다. 하지만 완전히 달라졌다. 책을 읽기 전에는 세상에 대해 불만은 많고, 세상을 부정적으로만 바라보았다. 책을 읽기 시작하자 세상이 살만한 곳, 한 번 멋지게 살고 싶은 곳으로 보이기 시작했다. 과거의 부정적인 시각에서 긍정적인 시각으로 변했다.

책을 쓴 뒤, 더럽게 느껴진 세상이 아름다워졌다. 세상이 아름답게 보이자 세상을 탐구하기 시작했다. 어느 순간 세상의 좋은 면만 보게 되었다. 세상을 생각하며 살기 시작했다. 세상을 잘 살기 위해 어떻게 살아야 하는가를 고민했다.

나는 책 없이 세상을 살 수 없다. 책을 쓰지 않으면 인생의 의미를 발견할 수 없다. 대충 살려던 삶이 음미하며 살고 싶어졌다. 세월을 낚던 삶을 내 것으로 만들려고 한다. 세월을 가치 있게 살려고 한다.

어느 날 맨체스터 유나이티드의 퍼거슨 감독의 말을 듣고 충격을 받았다. "SNS 활동은 인생의 낭비다." 책 쓰기는 낭비하며 살던 인생을 가치 있는 인생으로 바꿔준다. 꽃 피우는 인생으로 산다. 나를 바꾸는 것은 내가 아니라 책이다.

5 지금껏 찾지 못한 답을 찾아라

책 쓰기는 자신을 믿게 만든다

"자신에 대한 진정한 믿음을 갖게 만드는 건 세상에 딱 두 가지가 있습니다. 하나는 본인에게 닥친 어려움을 스스로 극복하는 것이고, 다른 하나는 누군가에게서 깊은 사랑을 받는 것이죠. 운 좋게도 이 두 가지를 다 경험한다면, 그 사람은 자신에 대해 충분한 믿음을 지니고 남은 삶을 살아갈 수 있게 됩니다."

김주혜의 《작은 땅의 야수들》에 나오는 한철의 고백이다. 삶을 살며 적어도 자신에 대한 믿음이 있어야 한다. 자신을 믿지 못하면 인생의 답을 찾았다고 할 수 없다. 많은 사람은 자신을 믿지 못한 채 살아간다. 자신은 누군가라는 정체성의 고민에서부터 시작해서 자신이 하고 싶은 것, 자신이 배우고 싶은 것, 무슨 일을 하며 살아갈 것인가, 어떤 사람이 될 것인가까지 치열하게 고민하며 답을 찾는 사람들이 많지 않다. 환경과 상황에 휩쓸려 진정한 자아를 찾지 못하고 한 평생을 보내는 사람도 적지 않다.

책 쓰기는 자신을 자신답게 하는 것, 자신이 누구인지, 어떤 사람인지, 무엇을 하고 싶은지를 녹여내는 용광로이다. 책 쓰기를 통해서 녹여지고 융합된 자아는 책 쓰기가 끝난 후, 용광로를 통과해 새로운 제련물이 탄생하는 것처럼 새로운 자아로 탄생하게 된다. 책을 쓰기 전에는 알지 못했던, 꿈꾸지 못했던 자아가 탄생하는 것이다.

책을 쓰면 한철의 고백처럼 자신에 대한 진정한 믿음을 가지게 된다. 책 쓰기는 삶에 대해 간절한 바람이 있는 사람만이 할 수 있다. 쉽지 않은 방법의 하나인 책 쓰기를 통해 자신에게 닥친 어려움을 스스로 극복하는 것이다. 자신의 변화를 향한 간절한 마음, 세상에 이바지하고자 하는 소망을 실현하는 방법을 책 쓰기를 통해 실현할 수 있다.

책을 쓰는 과정을 통과하면서 저자는 저자 자신을 사랑할 수 있다. 자신을 사랑하기 위해서는 자신을 인정해야 하고, 격려해야 한다. 글을 쓰는 자신이 바보 같고 미련해 보이더라도, 쓸데 없는 일을 하는 것 같더라도 자신이 하는 일을 믿어야 한다. 용기를 주고 꺾인 무릎을 다시 펴게 할 수 있는 사람, 실행으로 옮기게 할 수 있는 사람은 자기 자신뿐이다.

책 쓰기는 자기 안의 능력을 꺼낼 기회이다

인간이 가진 가장 큰 힘은 창조력이다. 인간만이 창조할 수 있다. 그 창조의 능력을 우리는 특정한 사람에게만 해당하는 것이라고 규정지으며 살았다. 자신에 대해서, 세상에 관해서 탐구하는 것은 철학자나 과학자, 예술가들이나 하는 일이라고 여겼다. 나이 50, 60이 되어서도 아직도 자신이 누구인지 잘 모르겠다는 분들이 많다. 창조의 능력은 누구에게나 주어져 있지만, 발현하지 못하고 사는 경우가 더 많다.

책을 쓰기 전에는 흐릿하던 자신의 능력이 책을 쓰는 과정에서 점차 또렷해진다. 글을 쓰는 과정에서 우리는 질문하고, 기억하고, 정리하며 자신을 마주한다. 그 과정은 곧 자신 안에 내재해있던 잠재력을 꺼내는 과정이다.

나의 자녀들이 즐겨 보던 레고 만화가 있다. 〈닌자고〉라는 만화다. 레고 블록으로 만들어진 여러 캐릭터의 모험과 성장, 우정을 그린다. 어린아이들이 보는 만화라서 대수롭지 않게 여겼는데, 이 만화의 단골 대사가 나의 마음을 울렸다. 우 사부님이 어린 닌자들에게 하시는 말씀이다. "네 안에 잠재력이 있다. 너는 아직 진정한 잠재력을 깨우지 못했다." 나도 자녀들에게 "네 안에는 잠재력이 있어! 넌 할 수 있어!"라는 말을 자주 했다. 그런데 정작 나 자신에게는 하지 않았다.

나는 이미 다 큰 성인이고, 내 안에 더는 틔어낼 잠재력은 없는 것 같았다. 그렇게 자신의 성장은 뒤로한 채, 자라날 아이들의 성장만을 위해 살았다. 다시 글을 쓰고 읽는 삶을 살면 좋겠다는 생각이 들었을 때, 불현듯 닌자고 만화의 우 사부님의 말이 떠올랐다. '왜 나는 나에게 이 말을 해주지 않았지? 내 안에도 잠재력이 있는데!' 아직 본인에게도 발현하지 못한 잠재력이 있음을 나이 40이 넘어서야 깨달았던 것이다.

책 쓰기는 자신 안에 숨어있는 잠재력을 깨울 수 있는 절호의 기회이다. 자신도 몰랐던 능력을 꺼내는 기회이다. 자신도 몰랐던 것을 찾기 위해 외부로부터 주어지는 기회나 상황을 기다리지 않게 만들어준다. 이후에는 어떤 운에 기대지 않아도 된다. 책 쓰기를 통해 자신만의 기회를 만들어내면 된다. 스스로 자신에게 잠재력을 발현할 기회를 주면 되는 것이다!

책 쓰기는 자신을 작은 존재에서 큰 존재로 변화시킨다. 나는 박노해 시인의 〈너의 때가 온다〉라는 시를 좋아한다. "너는 작은 솔씨 하나지만, 네 안에는 아름드리 금강송이 들어있다." 금강송은 한국의 깊은 산 속에서 자라는 고귀한 소나무이다. 흔히 강인함, 고결함, 시간의 인내를 상징한다. 이 구절이 특히 마음에 드는 이유는 지금은 작아 보이지만 그 안에 위대한 가능성이 내재하여있다는 메시지를 전하기 때문이다. 책을 쓰는 행위는 내면의 금강송을 자라게 하는 시간이다. 자신의 고유한 생각들이 모여 글 한 줄 한 줄, 한 단락 한 단락을 완성할 때마다 금강송의 뿌리는 더 깊게 내려진다. 세찬 비바람이 와도 부러지지 않는 단단한 기둥으로 자란다.

자신의 길을 찾게 된다

책을 쓰면 자신의 길을 찾게 된다. 인생을 살면서 아무리 고민해도 '답이 없다'라고 느낀 적이 한 번쯤은 있을 것이다. 다른 사람에게 조언을 받아도, 환경을 변화시켜 보려고 해도 삶의 문제는 쉽게 해결되지 않는다.

무라카미 하루키는 《도시와 그 불확실한 벽》을 통해 자신의 길은 자신이 직접 찾아내야 함을 보여준다. "벽에 둘러싸인 도시는 틀림없이 존재합니다. 그러나 그곳까지 정해진 루트가 있는 건 아니다, 라는 말씀을 드리고 싶었습니다. 그곳에 다다르는 길은 사람마다 제각기 다릅니다. 그러므로 설령 당신이 마음먹는다 한들 아이 손을 잡고 목적지까지 안내해주는 건 불가능해요. 그 애는 자기 힘으로 자신의 루트를 찾아내야 하는 겁니다." 여기서 '벽에 둘러싸인 도시'는 어떤 장소, 도시가 아니다. 인간의 깊은 내면, 혹은 삶의 궁극적인 진실이나 깨달음 같은 것을 은유하고 있다. 그 도시로 이르는 길은 개인의 여정이다. 자신만의 속도로, 자신만의 방법으로, 자신만의 노력으로 다다라야 한다. 이 내면적 여정을 대신해 줄 사람은 없다. 아무리 사랑하는 사람이라도, 부모라도 대신해 줄 수 없는 것이다.

책 쓰기는 모호하고 불확실한 의문 속에서 길을 찾게 해주는 등대이다. 책을 쓰면 자신의 길이 명확해진다. 자신이 하는 생각, 자신이 하고자 하는 말들, 그 말들이 누구에게 들여지기를 원하는지, 자신이 살아가고자 하는 방향, 자신이 만들어가고 싶은 삶의 모습이 또렷해진다.

책 쓰기를 하지 않으면 찾아내기 어렵다. 아무리 코칭을 받고 상담을 받고 여러 가지 자격증을 따고 스펙을 쌓아도 자기 삶의 궁극적인 방향을 찾기 어렵다. 책 쓰기로 삶의 방향을 찾자. 어떤 책을 쓰든지 그 과정은 자신의 길을 찾는 단 하나의 여정이 될 것이다.

6 살아낸 이야기를 써라

살아낸 이야기가 가장 강력하다

작가 자신이 경험한 이야기가 가지는 힘은 강력하다. 세상 사람들의 삶의 모습이 거기서 거기인 듯 비슷해 보이지만 같은 이야기는 하나도 없다. 모든 사람의 이야기는 독특하고 고유하다. 지금은 누구나 콘텐츠를 만들 수 있는 시대다. 그렇기에 개개인의 경험은 소중하다. 세상에 하나뿐인 소재가 된다.

작가는 책 쓰기라는 여정을 통해 자신의 과거를 돌아볼 수밖에 없다. 책에 사용되는 많은 예화 중에서 독자에게 가장 큰 영향을 미치고 울림을 주는 예화는 다른 책, 유명인의 이야기가 아닌 바로 작가 자신의 경험이다. 작가가 경험한 것을 예화로 들 때, 독자는 책의 내용에 신뢰를 보낸다. 자신의 이야기는 없고 정보들의 조합으로만 쓴 책은 독자의 호기심을 오래 붙들어 들 수 없다. 독자는 자신과 비슷한

처지인 사람이 어떻게 그 환경을 이겨냈는지 알고 싶어한다. 독자는 위인의 전기가 아니라, 자신의 삶과 닮은 이야기에 귀를 기울인다.

나도 4년 전에 쓰고 읽는 삶을 회복하겠다고 도전을 외친 후, 지금까지 읽고 쓰는 삶을 살고 있다. 세 자녀를 낳고 키우며 자신의 성장보다는 자녀의 성장을 위해 책을 샀다. 20년을 주어진 하루에 성실하라는 좌우명으로 살았지만, 마흔이 되니 10년 후를 바라보고 싶었다. 그 뒤 치열하게 읽고 썼다. 4년 동안 500권이 넘는 책을 읽었다. 책 한 권을 읽고 나면 A4 10포인트로 평균 30장 정도로 필사하고, 자기 생각을 썼다. 취미로 책을 읽거나 글을 쓰지 않았다. 이것이 아니면 안 된다는 필사의 각오로 임했다. 매너리즘에 빠진 삶을 바꾸고 싶었기 때문이다. 끊임없이 성장하는 사람이 되고 싶었다.

더 성장하기 위해 이 글도 쓰고 있다. 내가 직접 경험해 보지 않고, 여러분에게 책을 쓰고 읽는 사람이 되라고 말한다면 그 글에는 힘이 없을 것이다. 공허한 외침에 불과할 것이다. 나는 자신 있게 권할 수 있다. 책은 취미 독서 정도로만 하고, 글은 대학교 졸업 이후로 써 본 적이 없던 내가 글을 쓰는 삶을 살고 있기 때문이다. 나같이 평범한 사람도 했으니 여러분은 충분히 할 수 있다고 말할 수 있다. 직접 경험했기 때문이다.

오직 자신만이 쓸 수 있는 이야기가 있다

자신만이 쓸 수 있는 이야기는 킬러 콘텐츠가 된다. 모든 사람에게 킬러 콘텐츠를 만들 수 있는 삶의 경험이 있다. 그것을 자신만 알아서 킬러 콘텐츠가 되지 못한 것뿐이다. 많은 분에게 여러분의 삶을 책으로 써서 후세에게 남겨주라는 말을 하면 돌아오는 응답이 있다. "제 삶은 책으로 남길 만큼 내세울 게 없습니다." 책으로 남길 만큼 내세울 수 있는 삶은 어떤 삶인지 묻고 싶다. 서울 한복판에 아파트를 몇 채 가지고 있을 정도의 재력이 있어야 하는가? 세상을 깜짝 놀라게 할 만한 공을 세워야 하는가? 대통령이나 장관쯤은 할 정도로 이름을 날려야 하는가? 책으로 삶의 족적을 남길 만큼의 기준은 상대적이다.

소포클레스는 '네가 헛되이 보낸 오늘은 어제 죽은 이가 그토록 그리던 내일이다'라고 했다. 그렇다면, 지금 당신이 사는 오늘은 누군가가 간절히 바라던 내일일지도 모른다. 당신이 살았던 과거의 언젠가도 누군가가 간절히 바라던 내일이었을지도 모른다.

요즘 시대에는 지혜로운 어른을 찾기 어렵다고 한다. 왜 그럴까. 지혜를 남기지 않았기 때문이다. 지혜를 남기려고 시도조차 하지 않았기 때문이다. 예전에 일본 작가가 쓴 자기계발서에 읽었던 내용이 기억난다. 일본은 기업의 과장급 이상만 되면 책을 쓴다고 한다. 자신이 가지고 있는 업무 능력과 업무 노하우, 지식을 책으로 남겨 후세에게 공유하기 위해서라고 한다. 참 멋지다고 생각했다.

우리는 책을 쓴다고 하면 일이 없어 한가하냐고 묻는다. 또, 네 주제에 무슨 책을 쓰냐고 비아냥거린다. 대한민국의 현시대에 지혜자를 찾아보기 어려운 이유는 격동의 시기를 살아내고, 수많은 변화를 겪었던 보통 어른들의 이야기가 없기 때문이다.

대한민국이, 다음 세대가, 자신의 자녀들이 더 행복하게 사는 길을 알려주고 싶다면 자신만의 이야기를 써 달라고 간곡히 부탁하고 싶다. 물질의 많음을 최고 가치로 여기는 지금 세대에게는 삶의 지혜가 필요하다. 직접 살아오고 부딪쳐온 그 지혜 말이다.

모방하는 삶이 아닌 창조하는 삶을 산다

당신은 창조자인가, 소비자인가? 개인이 콘텐츠를 개발할 수 있는 현시대에는 창조자와 소비자가 명확하게 구분된다. 자신만의 콘텐츠를 만들어가고 있는가 자문해 보라. 그럼 명확하게 답이 나온다. 무엇이라도 만들고 있다면 당신은 창조자이다.

창조자로 살아간다는 것은 시대의 흐름에 휘둘리지 않음을 증명한다. 창조자로 살아간다는 것은 더는 남의 이야기를 흡수하는 데 그치지 않는다. 삶을 기획하고, 메시지를 빚어내는 존재로 선다. 콘텐츠는 삶의 방향성과 사명의 표현이 된다.

글을 쓰기 전에 나는 소비만 하는 사람이었다. 보는 것, 듣는 것, 읽는 것 모두 타인이 창조한 것 중에서 선택했다. 그 선택도 주도적이라고는 할 수 없었다. 상위 순위를 차지하는 책, 영화, 노래, 드라마, 뉴스 등을 소비했다. 많은 사람이 그것이 좋다고 하면 나도 좋아야 할 것 같았다. 많은 사람이 그것이 별로라고 하면 나도 별 의심 없이 동의했다.

책을 읽고 글을 쓰기 시작한 후부터는 소비자에서 창조자로 전환되었다. 내 안의 생각들을 정리하기 시작했다. 어떤 것을 옳다고 생각하는지, 그르다고 생각하는지, 어디까지 포용할 수 있는지 생각했다. 할 말이 생겨나기 시작했다. 누구에게 말하고 싶은지 알게 되었다. 쓰고 말하는 것에 책임을 지게 되었다. 창조하는 자유를 누림과 동시에 내 글을 받게 될 누군가를 배려하게 되고, 진심을 담기 위해 애쓰게 되었다. 내 안에, 세상에 질문을 던졌다. 그 질문에 문장으로만이 아닌 살아내는 것으로 답하게 되었다.

책 쓰기를 하면 소비자에서 창조자로 새로운 정체성을 갖게 된다. 외부로부터 오는 것들을 받아들이기만 하는 삶이 아닌, 당신이라는 고유함을 펼쳐나가는 삶을 살게 된다. 당신의 책은 당신 삶의 킬러 콘텐츠가 된다. 세상은 당신의 이야기를 기다리고 있다.

7 킬러 콘텐츠를 만들어라

자기 안에 창조적인 힘을 길러야 한다

우리는 창조적 존재다. 하지만 대부분 자신을 소비자로 정의하며 창조성을 잊고 살아간다. 창조는 몇몇 특별한 재능을 부여받은 자들만 하는 일이라고 생각한다. 자신이 무슨 창조를 하겠나, 자신은 새로운 것을 만들어 낼 능력이 없다고 생각하며 살아간다. 주어진 임무, 주어진 과제를 해나가는 것은 잘한다고 생각한다. 그래서 스스로 창조자라고 생각하는 사람은 많지 않다.

존 크럼볼츠와 라이언 바비노는 《더 빠르게 실패하기》에서 "우리는 모든 사람이 창의적이라는 점에 주목해야 한다. 우리 모두는 살면서 아이디어를 짜내고 문제 해결책을 찾으며 꿈꾸고 자신의 길을 개척해 나가고 있다. 그리고 당신 자신의 삶은, 당신이 만들어 내는 궁극적인 창조물이다"라고 강조한다. '내가 무슨 창조하냐'고 할 수 있지만 사실 우리는 알게 모르게 창의적인 삶을 살고 있다. 창조자로서 자신의 삶을 만들어가고 있다.

책 쓰기는 창조자로서의 삶을 사는데 획기적인 변화를 가져온다. 단 한 권의 책을 씀으로 평생 소비자로 살아온 자신의 정체성에 창조자의 정체성을 덧입힌다. 사실 무에서 유를 만들어내는 시기는 지났다. 인류 문명이 탄생하기 전에는 모든 것을 새로 만들어야 했다. 그러나 지금은 아니다. 지금은 이미 기존에 있는 것을 융합하고 변형하고 비틀어서 새로운 것을 만드는 시대다. 우리 모두 창조자가 될 수 있다. 모두의 시작점이 같다. 0에서 시작하는 사람은 아무도 없다. 그런데 감히 창조자가 되려는 엄두를 내지 못한다.

책 쓰기를 통해 우리는 모두 창조자가 될 수 있다. 책을 쓰는 순간, 우리는 창조자로 변한다. 그러나 책을 쓰지 않으면 소비자로 머무를 수밖에 없다. 책을 씀으로 자신만의 핵심 콘텐츠를 발견하고 킬러 콘텐츠를 만들 수 있다. 한 권의 책을 시작으로, 두 권, 세 권 써 내려갈 때, 타인이 범접할 수 없는 자신의 킬러 콘텐츠를 만들 수 있다.

자기만의 메시지가 있어야 한다

책을 쓸 때는 자기만의 메시지가 있어야 한다. 자기만의 메시지란 자기 삶의 가치와 지식이 융합된 것을 말한다. 당신은 어떤 메시지를 전하고 싶은가? 당신이 전하고 싶은 주제문장은 당신의 삶의 가치를 반영한다. 그 메시지에는 AI도 알지 못하는 저자의 고유한 경험과 삶이 담긴다.

82억 인구는 82억 가지 이야기를 만들어가고 있다. 한 사람 한 사람의 삶은 특별하다. 그저 평범한 가정에서 자라나 특출날 것 없는 평범한 삶을 살아온 것 같지만 그렇지 않다. 사람의 손가락 지문이 다 다르고, 얼룩말의 무늬가 다 다른 것처럼 사람들이 만들어가는 이야기도 다 다르다. 그 특별한 경험들의 연결 속에서 자신만의 스토리가 탄생한다. 모두 다 자신만의 이야기를 가지고 있다. 그런데 그 안에서 다른 사람에게 책이라는 매체를 통해서 전달할 만한 깊이 있는 메시지를 찾아내지 못한다. 메시지로 엮어내지 못하는 것이다. 많은 사람이 자신의 삶은 별 볼 일 없는 삶이라고 생각한다. 그래서 딱히 책으로 쓸 만한 이야기도 없다고 생각한다. 삶이 빛을 잃게 하는 잘못된 생각이다.

모두가 자기만의 메시지를 가지고 있다. 책 쓰기를 통해 그것을 발견해야 한다. 책을 쓰는 과정에서는 자연스럽게 자신만의 메시지를 발견할 수밖에 없다. 그래야만 책으로 나올 수 있기 때문이다. 아무나 말할 수 있고, 정보의 조합만으로 이루어진 이야기는 책으로 나올 수 없다.

한 개인의 삶과 가치와 경험과 지식이 사고의 깊은 터널을 통과해 탄생한 메시지는 강력한 힘을 가진다. 다른 사람의 삶에 변화를 줄 힘이 있다. 울림이 있다.

이수인은《미디어 리터러시 교육》에서 옥스퍼드 영어 사전에 나오는 '리터러시'라는 단어의 두 가지 뜻을 알려준다. 첫 번째는 읽고 쓸 줄 아는 능력이다. 두 번째 뜻은 '그보다 좀 더 확장된 개념으로, 다른 단어와 결합해 특정 분야의 경쟁력이나 지식'이다. 리터러시는 단순히 읽고 쓰는 능력으로만 그치지 않고, 더 나아가 어떤 한 분야에 대해 잘 알고 있느냐를 의미한다. 잘 안다는 것은 정보 습득 능력이 좋다는 것만을 뜻하지 않는다. 정보를 분석하고 재구성하여 자신만의 메시지를 만들 수 있다는 말이다.

당신이 잘 알고 있다고 말할 수 있는 분야가 있는가? 당신은 어떤 분야에 대한 리터러시가 있는가? 어떤 한 분야에 정통하게 될 때, 자신이 하고 싶은 메시지를 쉽게 찾을 수 있다. 그 메시지가 바로 킬러 콘텐츠다. 당신이 하고 싶은 메시지는 당신이 살아온 삶과 삶을 향해 당신이 추구하는 가치, 깊이 배우고 싶은 한 분야에 대한 지식이 어우러질 때 탄생한다.

독창성이 특출나야 한다

독창성은 콘텐츠를 차별화시키는 가장 큰 힘이다. 독창성은 새롭고 기발하다는 뜻이다. 자신만의 독특한 방식으로 창작하거나 발명하는 능력을 뜻한다. 예술, 문학, 디자인, 과학 등 다양한 분야에서 중요한 개념으로 여겨진다. 자신만의 고유한 스타일과 아이디어를 바탕으로 새로운 것을 만들어내는 능력을 강조한다. 그 나물에 그 밥이라는 인식을 벗어나 꼭 먹고 싶은 음식으로 만들어내는 힘은 독창성에 있다.

콘텐츠 시대에 독창성은 창작에 있어서 가장 중요한 능력이다. 최은수의 《콘텐츠 지배자들》에서는 킬러 콘텐츠에 대해 다음과 같이 정의한다. "킬러 콘텐츠란 수많은 콘텐츠를 압도할 정도로 경쟁 우위에 있으면서 큰 영향력을 발휘하는 독창적이고 대체 불가능한 핵심 콘텐츠라고 정의할 수 있다."

독창성을 어떻게 키울 수 있을까? 예술 DNA가 없는 사람들도 연습하면 독창성을 키울 수 있다. 자신만의 독특한 관점을 키울 수 있다. 사물을 낯설게 보는 것에서부터 시작한다. 그동안 관심을 가지지 않고 스쳐 지나갔던 사물이나 현상, 인물을 처음 보듯 하는 것이다. 호기심과 신기함을 가지고 깊이 들여다보는 연습을 한다. 하루를 보내며 기억에 가장 남는 사물이나 현상, 사람에 대해 글을 써 본다. 이렇게 글을 쓰다 보면 사물과 삶의 의미가 자연스럽게 연결된다. 한 짝이 찢어져서 홀로 남겨진 고무장갑을 보면서 삶에서 균형이 얼마나 중요한지를 깨닫는다. 서랍을 보면서 각자의 마음속 깊은 곳에 둔 미뤄둔 상처를 담은 서랍을 떠올린다. 사물에 대해 잘 아는 것으로 보이지만 막상 글을 쓰면 한 장을 채우기 어려울 것이다. 글을 쓰면서 평소 당연하게 여겼던 것들을 깊이 이해하지 못했음을 깨닫게 된다.

두 번째 방법은 은유를 찾아보는 것이다. 쉽게 설명하기 어려운 추상적인 개념을 일반적인 개념의 대상에 빗대어 본다. 광고 문구에 활용된 은유 표현을 찾아본다. 책에서 은유 표현을 찾는다. 스스로 은유 표현을 만들어본다. 가족들과 함께 '인생은 무엇과 같은가?'처럼 다양한 질문을 던지며 서로의 은유 표현을 만들어보고 그렇게 생각한 이유를 말해 보는 놀이를 한다. 이렇게 모아진 은유 표현을 자신만의 은유 사전에 기록한다.

이런 연습으로 독창성을 키우면 책을 쓰는데 자신만의 킬러 콘텐츠를 계발할 수 있다. 다른 사람과는 다른 독특한 생각이 탄생한다. 모두가 같은 것을 보지만, 그 안에서 차이를 발견하는 능력이 독창성을 만든다.

초격차가 날 수 있도록 해야 한다

킬러 콘텐츠와 초격차는 밀접한 연관을 가진다. 자신만의 핵심 콘텐츠 중에서도 압도적인 경쟁력을 갖춘 킬러 콘텐츠는 타인과의 초격차에 의해 만들어진다. 단순한 차별화가 아니라, 경쟁자가 따라올 수 없는 수준의 독창성과 시장 지배력을 확보하는 것이 핵심이다. 예를 들어, 애플의 디자인 철학이나 테슬라의 전기차 기술처럼, 특정 기업이 시장에서 독보적인 위치를 차지하는 전략이다.

혹시 이 글을 보면서 혹시 애플이나 테슬라 같은 기업과 비교하며 '나는 절대 그렇게 될 수 없어'라고 단정 짓고 있지는 않은가? 하지만 초격차는 대기업만의 것이 아니다. 개인도 자신의 분야에서 충분히 만들 수 있다.

자신의 삶에 초격차를 만들기 위해 노력하고 몰입한 적이 있는지 생각해 볼 때다. 기업이 초격차를 만들어내기 위해서는 핵심 기술이 필요하다. 개인이 초격차를 만들어내기 위해서는 몰입이 필요하다. 몰입은 초격차를 가져올 수 있는 좋은 방법이다. 황농문은《몰입》에서 "누구나 할 수 있는 생각을 자신만의 참신한 아이디어로 만드는 것은 이제 당신이 얼마나 몰입하느냐에 달려 있다."라고 강조한다. 몰입했을 때, 평범함에서 비범함을, 보편성에서 특별함을 만들어 낼 수 있다.

얼마만큼 몰입해 봤는지 자신에게 물어봐야 한다. 당신은 정말로 당신이 위치한 분야에서 전문가라고 자부하고 있는가? 이론과 실제가 겸비되어 있는가? 다른 사람에게 이것만큼은 자신 있게 강의할 수 있는가?

초격차를 만들기 위해서는 남다른 시간을 투자하는데 몰입해야 한다. 30대에 4천 권의 책을 읽은 이상민 작가는 기획을 공부하기 위해 기획과 관련된 책을 100여 권 읽었다. 김도인 작가는 자신의 한계를 뛰어넘기 위해 지금도 하루에 10시간 이상을 공부한다.

초격차가 날 때, 자신의 킬러 콘텐츠를 만들 수 있다. 킬러 콘텐츠가 만들어지면 다른 사람과 초격차가 나는 삶을 살게 된다. 초격차와 킬러 콘텐츠는 뫼비우스의 띠와 같다. 서로 연결되어 있다. 당신의 삶에 킬러 콘텐츠를 만들기 위한 초격차를 위해 몰입하라.

남의 삶이 아닌 나의 삶을 평생 살게 된다

책 쓰기로 자신만의 핵심 콘텐츠, 킬러 콘텐츠를 만들면 나의 삶을 살게 된다. 남의 삶을 뒷받침해 주는 삶이 아니라 자신이 주도적으로 만들어가는 삶을 살아가게 된다. 많은 사람이 자신의 삶이 아닌 남의 삶을 산다. 타인이 만들어 놓은 콘텐츠가 지속하도록 하는 역할을 한다. 단 한 권의 책을 쓰더라도, 삶을 주도적으로 만들어가는 경험을 하게 된다.

책을 쓴다는 일은 결코 쉬운 일이 아니다. 만만한 일도 아니다. 그냥 쓰자고 해서 쓸 수 있는 일도 아니다. 책을 쓰는 일은 어려운 일이다. 뼈를 깎는 노력과 수고가 드는 일이다. 자신뿐만 아니라 타인을 생각하는 일이다. 그런 과정을 겪은 사람은 그 책이 성공하여 경제적 이득을 보고, 이름을 날리든지 간에, 혹은 그 반대로 책이 실패하여 적자를 본다고 하더라도 결론적으로는 성공했다. 칼을 꺼내어 무라도 잘랐기 때문이고 바위를 깨뜨리기 위해 달걀을 던져보았고, 바위를 뚫기 위해 붓으로 수천만 번을 쓴 것과 같은 노력을 기울였기 때문이다. 도전했기 때문이다. 이런 사람은 삶에서 무서운 것이 없다. 뭐든지 할 수 있다는 자신감을 가지게 된다. 수많은 어려움과 포기하고 싶은 마음을 이겨내었고, 자기만의 생각을 창조하기 위해 애썼기 때문이다.

책을 쓰면 놀고 싶은 것을 참고 자고 싶은 것을 유혹을 물리쳐야 한다. 책을 쓰면 공부에 공부를 거듭해야 한다. 눈이 침침해져도 책을 읽어야 한다. 더 좋은 책을 쓰기 위해 자신의 한계에 부딪혀야 하고 자신을 뛰어넘어야 한다. 이런 경험은 일상의 삶 속에서는 겪기 힘든 일이다. 누구나 자신이 하는 일이 웬만큼 익숙해지면 그 편안함에 빠지게 된다. 다른 일을 해 본다거나 새로운 일에 도전하기 어려워한다. 책 쓰기는 자신의 삶과 일에 대해 전문성을 폭발적으로 확대하는 작업이다. 그 작업에 도전하라. 당신도 할 수 있다.

8 AI 시대에 맞는 컨셉을 만들어라

AI 시대에 자기만의 컨셉을 만들어야 한다

　AI를 활용하여 글을 쓰고, 그림을 그리고, 영상을 만든다. AI의 보편화는 창작의 민주화를 가져왔다고 해도 과언이 아니다. 누구나 AI를 사용할 줄만 안다면 무엇이든 만들어 낼 수 있는 시대가 도래했다. 모두가 창작자가 되었다고 말해도 과언이 아닌 시대다.

　이런 시대에는 자기만의 컨셉을 만들어야 한다. 자기만의 핵심 콘텐츠가 있는 사람이 살아남는다. 핵심 콘텐츠(Core Content)는 특정 주제나 분야에서 저자, 창작자 또는 브랜드만의 독창적인 아이디어, 관점, 가치, 전문성을 담고 있는 핵심적인 내용이다. 즉, 다른 사람들이 쉽게 모방할 수 없는 자신만의 강점과 차별화된 메시지를 의미한다.

　콘텐츠를 소비하는 소비자들은 비슷한 이야기와 감성의 창작물에서 염증을 느낀다. 그것을 타개할 방법은 자신만의 고유한 경험과 노하우가 들어간 핵심 콘텐츠를 가지고 있느냐다. 핵심 콘텐츠가 명확히 드러난 책이나 창작물은 독자들에게 더 강한 인상을 남긴다. 독자들은 저자의 핵심 콘텐츠가 어떻게 발전되고 구체화되는지 지속적으로 관심을 가지게 된다.

핵심 콘텐츠를 만들기 위해서는 다음의 다섯 가지 요소를 주의 깊게 생각해보아야 한다.

첫째, 기존의 콘텐츠와 차별화된 자신만의 새로운 아이디어가 있는가?
둘째, 특정 분야에서 자신만의 경험한 내용을 바탕으로 한 깊이 있는 지식이 있는가?
셋째, 자신이 가진 콘텐츠로 최소 세 권의 책을 쓸 수 있는가?
넷째, 독자에게 실질적인 도움을 줄 수 있는가?
다섯째, 독자들과 연결될 수 있는 공감 코드가 있는가?

책 쓰기는 자신만의 고유한 핵심 콘텐츠를 발견하고 구체화할 수 있는 최고의 방법이다. 책을 쓰기 위해 자신이 좋아하는 것이 무엇인지, 자신의 관심사는 무엇인지, 자신이 잘해 왔고, 잘하고 싶은 것은 무엇인지에 대해서 고민하는 과정이 필요하다. 자신만의 삶의 발자취를 짚어 봐야 한다. 어떤 것을 성공하고 실패했는지, 성공하기 위해 무엇을 했는지, 실패를 통해 무엇을 얻었는지 곰곰이 생각해봐야 한다.

앞으로 어떤 길을 가고 싶은지, 5년 후의 자신을, 10년 후의 자신을 그리며 과거와 현재의 자신에 대해 파야 한다. 나는 누구이고, 어떤 사람이고, 앞으로 어떻게 살 사람인지, 무엇을 하며 살았고, 살고, 살 것인가를 치열하게 고민하는 최적의 방법은 책 쓰기다.

수많은 사람이 자신에 대해 잘 모르는 채로 살아간다. 당신도 한 번 생각해보라. 당신은 당신에 대해 잘 안다고 자부할 수 있는가. 자신에 대해 알지 못하는 상태에서는 고유성도, 창조성도, 자신만의 핵심 콘텐츠도 나올 수 없다.

책을 쓰기 위해서는 스스로가 AI보다도 더 자신에 대해 잘 알아야 한다. 그래야만 AI도 모르는 자신만의 이야기를 만들어갈 수 있다.

시대와 유관해야 한다

'나는 누구인가?'라는 질문은 세상에서 가장 중요하고 진실한 질문이다. 그런데 여기에만 머무르면 안 된다. 책을 쓰기 위해서는 두 개의 저울이 평행을 잘 유지해야 한다. 한쪽은 '나는 누구인가'

라는 질문에 대한 답이고, 다른 한쪽은 '시대는 무엇을 원하는가'라는 질문에 대한 답이다. '나는 누구인가'라는 질문은 저자 자신을 위한 질문이다. '시대는 무엇을 원하는가'라는 질문은 타인, 세상을 향한 질문이다.

책 쓰기의 기본은 저자 자신의 독특한 관점을 드러내는 것이지만, 저자의 그 독특한 관점이 세상 사람들의 귀와 눈을 닫게 하는 소음으로 남아서는 안 된다. 지금 이 시대는 무엇을 원하고 궁금해하고 답답해하는가를 찾아야 한다. 세상의 궁금증에 답을 주고, 가려운 곳을 긁어줘야 한다. 세상의 답답함을 시원케 해 줘야 한다.

시대를 읽지 못한 채 나만의 이야기를 쏟아내면 독자로부터 외면받는다. 읽는 이가 없는 글, 읽는 이가 찾지 않는 글은 슬프다. 자신의 존재가치를 찾지 못한다.

저자의 쓰려는 책의 주제, 소재가 시의성을 가졌는지 알아보기 위해서는, 시대의 흐름을 읽으면서 꾸준하게 자료 정리를 해야 한다. 뉴스와 칼럼, 통계, 온·오프 커뮤니티에서 그 흐름을 읽을 수 있다. 검색어 상위 랭크 단어 사전을 만들어보는 것도 좋다. 그렇게 몇 달 치가 모이면 시대의 관심사와 흐름을 읽을 수 있다.

저자의 니즈(needs)와 독자의 니즈(needs), 저자의 원츠(wants)와 독자의 원츠(wants)가 만나는 접점을 찾아야 한다. 사람들이 삶을 살아가며 하는 고민은 비슷비슷하다. 책 쓰기 과정에서 '나는 누구인가?'라는 질문은 저자의 시작점이지만, '시대가 무엇을 원하는 거'에 대한 답을 찾는 것은 저자의 생각이 도달해야 할 종착점이다. 나의 필요만이 아니라, 타인과 세상에 대한 필요를 채워주는 역할은 저자가 가져야 할 사명감이다.

당신은 당신 자신에 대해 잘 알고, 당신이 살아가는 시대를 잘 알고 있는가?

깊이 있게 파고들어야 한다

책을 쓰기 위해서는 광범위한 주제보다는 세밀한 주제가 좋다. 좁게 들어가면 들어갈수록 좋다. 넓은 범위의 주제는 쓰기 어렵다. 반면 좁혀진 주제는 쓰기 좋다. 책에는 저자의 경험이나 지식이 녹아 들어가야 한다. 사람은 모든 것을 경험할 수 없다. 개인의 경험과 지식에는 한계가 분명히 있다. 자신이 경험하고 배운 세상만을 안다. 그러므로 책 쓰기의 주제와 범위는 좁혀져야 한다.

쓰고자 하는 책의 주제를 정했다면 그 주제를 깊이 있게 파고들어야 한다. 이때의 핵심 방법은 읽고 듣고 보고 경험하는 모든 것을 책의 주제와 연결하는 것이다. 책의 주제문장을 삶의 주제문장이 되도록 해야 한다. 그러면 깊이 들어갈 수 있다. 이 책의 주제문을 한 문장으로 표현하면 이렇다. "책을 씀으로 나를 발견하고 나를 세워 나답게 살아가도록 한다." 지난 7개월 동안 늘 이 문장을 염두에 두며 살았다.

관련된 책을 읽을 때도, 관련성이 전혀 없는 책을 읽을 때도, 뉴스를 볼 때도, 유튜브를 볼 때도, 여행을 가고, 사람을 만나고, 회의하고, 학생들을 가르칠 때도, 자녀를 키우며 가정생활을 할 때도, 이 문장이 삶의 주제문장이었다.

나를 발견한다는 것은 무엇인가, 나를 세운다는 것은 무엇인가, 나답게 살아간다는 것은 무엇인가, 그것을 하기 위한 제일 좋은 방법인 진짜 책 쓰기인가를 늘 고민했다. 그랬을 때, 답이 점차 명확해졌다. 맞다. 자신이 누구인지 자신을 발견하면 나를 세울 수 있다. 타인에게 좌지우지되지 않고, 자신만의 길을 살며 자신답게 살아갈 수 있다. 그걸 할 수 있게 해주는 제일 좋은 방법이 책 쓰기라는 결론에 이르렀다. 그래서 이 책을 쓰고 있다.

깊은 통찰은 하루아침에 나오지 않는다. 계속 연관 지어 생각하고 고민하고 글을 쓸 때 발견할 수 있다. 책의 주제문장으로 얻게 된 모든 생각과 감정과 사건을 기록하면 더 예리한 생각과 성찰을 가져다준다.

깊이 있게 파고드는 방법이 있다. 각 문항 당 A4 한 장 이상 분량의 글을 써 봄으로 가능하다. 예를 들어, '나는 누구인가'라는 질문을 세세하게 파고들어 가보자.

1. 자신의 어린 시절은 어땠는가?
2. 자신이 자라온 환경은 어땠는가?
3. 어떤 교육을 받았는가, 전공은 무엇인가?
4. 하고 싶었는데 하지 못한 공부는 무엇인가?
5. 다른 사람들로부터 받았던 상장이나 칭찬은 무엇인가?
6. 자신의 장단점은 무엇인가?
7. 자신이 좋아했던 것, 자신이 좋아하는 것은 무엇인가?
8. 자신이 못하는 것, 잘하는 것은 무엇인가?
9. 다른 사람들에게 재능기부를 한다면 자신의 무엇으로 돕고 싶은가?
10. 앞으로의 5년, 10년 후에는 무엇을 하고 싶은가?

다음에는 10번의 질문을 구체화해야 한다. 그러려면 물어야 할 질문이 있다.

1. 삶에서 어려움을 겪은 경험이 있는가, 어떻게 극복했는가?
2. 나의 인생과 경험, 지식을 통해 누군가에게 조언한다면 무슨 조언을 하고 싶은가?
3. 요즘 자신이 몰입하고 있는 분야가 있는가?

4. 새롭게 도전하고 배우고 싶은 분야가 있는가?

5. 더 나은 삶을 살기 위해 자신이 더 깊게 파고 들어가고 싶은 분야는 무엇인가?

6. 내 이야기를 들려주고 싶은 단 한 사람이 있다면 누구인가?

7. 나의 이야기가 시대의 흐름과 요구를 반영하고 있는가?

8. 들려주고 싶은 이야기의 주제문장을 한 문장으로 쓴다면?

9. 3~6개월간 자신의 책의 주제문장을 삶의 주제문장이 되게 하여 삶의 모든 분야에 적용한 글을 쓸 준비가 되었는가?

사람들이 관심을 두게 해야 한다

사람들이 관심을 두는 책이 있다. 첫 번째, 감동을 주는 책, 두 번째, 도전의식을 북돋아 주는 책, 세 번째, 인생의 보편적인 가치에 관해서 말해주는 책, 네 번째, 문제에 대한 해결책을 제시해 주는 책, 다섯 번째, 어려운 것을 쉽게 알려주는 책이다.

첫 번째, 감동을 주는 책으로는 소설, 에세이, 시 같은 문학 작품이 있다. 예를 들면 제주 4.3 사건을 다룬 한강의 《작별하지 않는다》, 아픈 딸을 키운 엄마의 이야기를 담은 에세이 신달자의 《엄마와 딸》, 소박한 일상을 아름답게 풀어낸 시인 나태주의 《자세히 보아야 아름답다》 등이다.

　두 번째, 도전을 주는 책은 독자가 저자의 책을 읽고 변화와 성장의 동기를 부여받을 수 있는 책이다. 자기계발서가 대표적이다. 앙겔라 더크워스의 《그릿》, 제임스 클리어의 《작은 습관의 힘》, 데일 카네기의 《카네기 인간관계론》 등이다.

　세 번째, 인생의 보편적인 가치에 대해서 다시 생각해보게끔 하는 책이다. 예를 들면, 자유, 인권, 사랑, 정치 등에 관한 책이다. 유시민의 《어떻게 살 것인가》, 빅터 프랭클의 《죽음의 수용소에서》, 조너선 하이트의 《바른 마음》 등이다.

　네 번째, 문제에 대한 해결책을 제시해 주는 책이다. 사회 속에서 일어나는 여러 가지 문제들의 현상을 분석하고 그에 대한 해결책을 제시해 준다. 책은 독자에게 멘토가 된다. 고민을 해결하고 삶을 변화시키는 강력한 도구다. 호트 자런의 《나는 풍요로웠고 지구는 달라졌다》, 요한 하리의 《도둑 맞은 집중력》, 마이클 샌델의 《공정하다는 착각》, 가타다 다마미의 《나는 왜 나를 힘들게 할까》, 한병철의 《피로사회》 등이다.

　다섯 번째, 어려운 것을 쉽게 알려주는 책으로는 개념서를 꼽을 수 있다. 전문가가 비전문가의 언어를 사용하여 독자들이 평소에 어렵게 느끼던 것에 흥미를 느낄 수 있도록 쉽게 풀어주는 책이다. 경제 개념에 관한 책이나 IT 분야, 역사서, 과학 개론, 예술 분야의 책 등이 있다. 모건 하우절의 《돈의 심리학》, 칼 세이건의 《코스모스》, 유발 하라리의 《사피엔스》, 등이다.

　사람들의 관심사가 무엇인지 알기 위해서는 자신이 쓰고 싶은 책의 카테고리를 먼저 알아야 한다. 자신이 쓰려고 하는 책이 어떤 분야인지를 파악해야 한다. 범위가 정해졌다면 뉴스 검색과 서점의 베스트셀러 순위 등을 검색하여 사람들이 어떤 이야기에 끌렸고 관심을 가졌는지 파악해야 한다. 인터넷 카페나 독서 모임 등에 가입하여 사람들의 이야기를 들어보는 것도 좋다.

　인기 있는 주제라도 자신만의 독창적인 접근법을 찾아야 한다. 새로운 시각으로 접근하려고 노력해야 한다. 많이 읽고 많이 생각하고 많이 쓸 때, 새로운 시각이 길러진다. 자신만의 경험과 이야기가 들어가면 좋다. 책을 본격적으로 쓰기 전에 자신이 쓰고자 하는 주제와 관련된 짧은 글을 블로그나 페이스북, 네이버 카페 등에 올려 독자의 반응을 보는 것도 하나의 방법이다.

　독자의 니즈와 저자의 니즈, 독자의 원츠와 저자의 원츠의 교집합을 찾아야 한다. 독자를 무시하고 저자가 쓰고 싶은 대로만 쓸 수는 없다. 책이라는 존재 자체가 독자를 전제하기 때문이다.

　사람들이 관심을 두는 책은 감동을 주면서도 도전의식을 북돋아 준다. 인생의 보편적인 가치를 말하지만, 문제에 대한 해결책을 제시한다. 사람들이 관심을 두는 책의 특징을 안 뒤 두세 가지를 융합하면 사람들의 관심이 폭발할 것이다.

Chapter 4
책을 쓰면 나다운 삶이 펼쳐진다

1 자신만의 길을 찾아라

갈등과 방황을 멈춘다

책 쓰기는 갈등과 방황을 한 번에 종식해준다. 책을 쓰는 순간 삶의 방황은 멈춰진다. 자신이 할 일을 찾았기 때문이다. 책을 쓰면서 마음의 치유가 일어났기 때문이다. 그렇다고 원한 만큼의 결과가 나온 것은 아니다. 자신이 갈 길의 방향이 선명해졌을 뿐이다. 방향만 잡아도 내려놓을 것을 내려놓고, 잡을 것을 잡으며 살아가니 방황이 그친다.

자신이 가야 할 길을 찾아주는 것이 책 쓰기다. 책을 쓰면 자신만의 길을 찾는다. 내가 하는 일에 도움을 준다. 때론 날개를 달아준다. 책을 쓸 때, 삶에 선택과 집중을 해야 한다. 책을 쓸 수 있도록 몰입해야 한다.

갈등과 방황을 멈추는 기법의 하나가 질문이다. 유영만 교수는 《책쓰기는 애쓰기다》에서 질문의 힘에 대해 다음과 같이 정의한다. "질문은 안주하려는 자세, 관성대로 살아가려는 습관적인 생각에 브레이크를 걸고 색다른 사유를 시작하게 만드는 원동력이다. 질문이야말로 삶의 질을 높이는 파수꾼인 셈이다." 질문이 삶의 질을 높여준다.

책 쓰기는 질문이 관건이다. 질문이 책 쓰기 완성을 결정하기 때문이다. 책 쓰기는 자신과 삶에 대한 수많은 질문을 통해 갈등하고 방황하게 만드는 여러 가지 선택지 중에서 선택한 것을 집중하게 만든다. 곧이어 깊게 파고들도록 한다.

책을 쓸 때 먼저 질문할 것은 쓰고 싶은 분야다. 그 질문이 쓸 범위를 좁혀나가게 한다. 수준 높은 질문은 책의 수준을 업그레이드한다. 질문을 통해 쓰고 있는 책이 '이것이 맞다'라며 손뼉을 친다.

요즘 블로그 글쓰기에 도전하는 사람이 많다. 많은 사람이 글쓰기로 경제적인 파이프를 늘이기 위해 블로그 활동을 한다. 1일 1 포스팅, 1일 2 포스팅, 1일 3 포스팅을 하며 글을 쓴다. 나도 1일 1 포스팅을 목표로 삼고 몇 달 전부터 블로그 활동을 하고 있다. 그러면서 수많은 블로거와 교류하게 되었다.

어느 날, 블로그 글쓰기에 대한 회의를 느꼈다. '이걸 왜 해야 하는 걸까?'라는 고민이 생겼다. 나뿐만 아니라 많은 분이 블로그에 매일 글을 쓰면서도 고민하는 걸 심심치 않게 볼 수 있었다. '과연 이런다고 될까?', '이렇게 하면 돈을 벌 수 있을까?', '이렇게 하는 것이 맞을까?', '블로그에 이렇게 글을 쓰는 것이 무슨 의미가 있을까?'라며 고민한다. 더 성장하고 나은 삶을 살기 위해 블로그에 글을 쓰면서도 왜 계속 고민하는 걸까? 왜 계속 갈등하고 방황하는 걸까?

블로그 하는 목적이 불분명하기 때문이다. 왜 쓰는지, 무엇을 쓰는지, 어떻게 써야 할지를 모르기 때문이다. 자신이 운영하는 블로그가 어떤 성격을 가진 것인지, 무엇에 대한 글을 올리는지, 방향성이 없기 때문이다. 이도 저도 아닌 모호한 성격을 가졌기 때문에 블로그에 올리는 글이 중구난방으로 흩어져 있기 때문이다.

나도 깨달았다. 나의 블로그에 내용이 너무 많은 것이 문제였다. 한 가지의 컨셉을 잡아서 글을 써야 하는데 그렇지 않았다. 글을 쓰면서도 길을 찾지 못하고 헤매는 많은 블로거가 결국 블로그 활동을 접는다. 블로그 운영을 하며 꿈꾸었던 경제적인 자유도, 블로그에 올리기 위해서 매일 어떻게 해서든 글을 썼던 노력도 사장되고 만다.

이왕 글을 쓰려면 블로그에 올릴 글을 쓰기보다는 책을 쓰라고 권하고 싶다. 책을 쓰기 위한 글쓰기를 하는 것이 훨씬 효율적이다. 블로그에 어떤 형태와 내용의 글이든지 매일 글을 써서 올릴 여력이 있다면 바로 책 쓰기로 들어가야 한다. 책을 쓰면서 관련 자료들과 자료들을 융합한 글을 블로그에 함께 올리면 블로그도 책처럼 예리해진다.

　사람은 자신에 대한 충분한 성찰과 고민을 해 보지 않으면 세상의 소리에 이리저리 휩쓸린다. '이게 돈이 된다는데 이거 해 볼까, 요즘 저게 뜬다는데 저거 해 볼까.'라며 기웃거리는 인생을 산다. 몰입의 경험이 없는 사람은 노력의 가치를 알지 못한다. 한 분야에 몰입해 본 적이 없는 사람은 도전하려고 생각하지 못한다. 책 쓰기라는 좋은 도구를 가지고 자신이 몰입할 분야를 찾아야 한다. 그때 갈등과 방황은 멈춰진다.

성장으로 도약의 단초를 제공한다

책을 쓰기 위해서는 자신만의 치열한 공부와 도전이 필요하다. 먼저 다른 사람이 쓴 책을 읽고 사색해야 한다. 자신이 쓰려고 하는 책과 관련이 있건 관련이 없건 간에 많은 책을 읽어야 한다. 자연스럽게 많이 생각하게 된다. 많이 생각하면 할수록 자신만의 독특한 관점과 견해가 생긴다. 그렇게 생긴 자신만의 고유한 생각을 써 내려간다. 그러면 글이 된다. 그 글들을 모으고 엮으면 책이 된다.

　한 사람이 처절하고도 철저한 사유의 터널을 거쳤을 때, 그 사람은 변화된다. 터널을 거치기 전과 후가 다르다. 책을 쓰는 과정을 거친 사람은 치열한 생각의 각축전을 통과했다. 그런 사람은 성장의 한 계단을 오르게 마련이다. 그는 이미 자기 생각을 기경했다. 그는 이미 자기 생각을 재창조했다. 그는 이미 자신의 관점의 폭을 넓혔다. 그는 책 쓰기 전과는 아주 다른 사람이 되었다.

한 권의 책을 쓴다는 일은 한 자루의 칼을 벼리는 것과 같다. 칼날이 무딘 칼로 음식을 만들면 힘이 든다. 힘이 드니 짜증이 난다. 짜증이 나면 요리하기가 싫어진다. 하기 싫은 마음으로 만든 음식은 맛이 있을 수 없다.

칼날이 바짝 서 있는 예리하고 날카로운 칼을 사용할 때면 재료들을 다듬고 자르는 데 힘이 들지 않는다. 힘이 들지 않으니 콧노래가 저절로 나온다. 즐거운 마음으로 만든 음식은 더 맛있다. 책도 마찬가지다. 책을 쓴다는 것은 칼날을 가는 것이다. 자신이 공부하고자 하는 분야를 아주 세밀하게 다듬는 것이다.

책을 쓰면 정교하면서도 적절하게 지혜와 정보를 가공한다. 경험과 배경 지식까지 적용되니 독특하기까지 해진다. 책 쓰기 전문가 김병완은 《책쓰기 특강》에서 "책을 쓰는 것은 자신이 얻게 된 지식과 경험하게 된 삶을 능동적으로 자신의 것으로 체계화하는 과정이다."라고 강조한다. 책을 쓰는 과정에서 인내심과 끈기는 물론이거니와 몰입하는 힘에서 실행력까지 각종 자기계발서에서 말하는 능력들을 키울 수 있다. 글을 구성하고 집필하는 모든 과정에서 파생되는 장점은 기본적으로 얻게 되고, 그 과정에서 전문성은 덤으로 갖추게 된다. 자신이 직접 집필한 책이 있다면 성장의 단초가 되어 도약하게 만들어준다.

책 쓰기는 무조건 성장을 가져다준다. '후퇴'란 없다. 책 출간으로 성장한 것이 인정받으면 강의나 방송 출연 등으로도 활동 범위가 넓어진다. 그러나 출간된 책이 인기가 없어 1쇄를 다 팔지 못했더라도 괜찮다. 책을 쓰는 동안 저자는 성장했기 때문이다. 성장의 경험은 다른 일에 도전하고 또 다른 책을 쓸 수 있는 원동력이 된다. 책을 쓰기 위해 매달리고 몰입하고 밀어붙이는 그릿정신을 경험했기 때문에 그것이 주는 기쁨을 안다. 책 쓰기는 그렇게 다른 일에 도전하고 몰입하는 힘을 키워준다.

자기계발의 최고의 방법이다

자기계발을 위해 여러 가지 방법을 사용한다. 강의를 듣기도 하고, 모임에 참여한다. 자격증을 따기도 하고, 학위를 받기도 한다. 자기계발을 하지 않으면 뒤처지는 것 같은 시대, 본캐와 부캐의 삶을 살아야만 하는 시대, 부캐도 한 개가 아니라 여러 개를 만들기 위해 고군분투한다. 이력서를 빼곡히 채우는 수많은 자격증이 있다. 연관성 없는 자격증들은 자신이 무슨 전문가인지 해줄 말을 잃었다. 자신조차도 자신이 무슨 분야의 전문성을 가졌는지 모른다.

책은 최고의 증명서이다. 누군가를 강사로 초빙할 때, 어떤 약력보다도 그 사람이 쓴 책이 있는지 없는지를 본다. 그 사람이 저자라면 전문가라고 여긴다. 그러나 화려한 학력이 있지만, 그의 이름으로 발간된 책이 없으면 그 사람의 전문성을 의심하게 된다. 높은 학력을 갖춘 사람들은 많지만, 자신의 책을 쓴 사람은 많지 않다. 책 쓰기는 자기계발의 최고 방법이다. 어떤 자격증, 어떤 졸업증을 따는 것과도 비교할 수 없다.

책이 주는 성취감은 남다르다. 자신의 이름이 박힌 책이 세상에 한 권, 두 권, 세 권 늘어날 때, 성취감은 당연히 따라온다. 불가능하게 여겼던 일을 해내는 성취감을 상상해보라. 자신의 한계를 뛰어넘었다는 것은 인생에서 전혀 새로운 도전을 했다는 말이다.

한 권의 책을 쓰기 위해서는 A4 10포인트로 80~100쪽 분량 정도의 글이 필요하다. 글의 질이 어떻든지 간에 이렇게 많은 분량의 글을 완성했다는 것만으로도 충분히 자기계발이 된다. 100쪽의 글을 완성하기 위해 수많은 시간을 인내하고 또 인내한다. 책 쓰기로부터 멀어지게 하려는 수많은 유혹을 이겨내야 한다. 양질의 글을 쓰기 위해 공부하고 또 공부해야 한다. 100쪽의 글을 쓰면서 문장력, 논리력, 표현력, 어휘력 등이 키워진다. 포기하고 싶은 마음과 싸움에서 승리한다. 책을 쓰는 기간만큼은 온전히 사유하는 인간으로 살았다는 것이다. 책 쓰기를 통해 인내력, 절제력, 사고력, 창의력, 자기조절능력, 몰입력 등이 한꺼번에 키워진다. 자신의 한계에 부딪혔다면 책 쓰기에 도전하라. 자신을 한 단계 업그레이드시키고 싶다면 책 쓰기에 도전하라. 바로 지금!

길을 만든다

책을 쓴다는 것은 단지 정보를 정리하는 일이 아니다. 그것은 자신이 살아온 삶의 흔적을 되짚고, 그 안에서 의미를 길어 올리는 작업이다. 책을 쓰기 위해서는 수많은 자료를 읽고, 질문하고, 사유하고, 정리해야 한다. 그 과정에서 우리는 자연스럽게 한 분야에 몰입하게 된다. 몰입은 전문성을 낳는다.

 책을 쓸 분야가 없다는 것은, 아직 자신이 무엇을 깊이 알고 있는지, 무엇을 알고 싶어 하는지 찾지 못했다는 뜻이다. 학교를 졸업하고, 직장을 다니고, 삶을 살아가고 있지만, 어떤 분야의 책도 쓰지 못한다면, 우리는 아직 자신을 설명할 언어를 갖지 못한 것이다. 반대로 책을 쓰면, 우리는 그 분야의 전문가가 된다. 책을 쓰는 사람은 자신만의 관점으로 질문을 던지고, 그 질문에 대한 답을 찾아가는 여정을 글로 남긴다.

전문가는 자격증으로 만들어지지 않는다. 전문가란, 자신만의 언어로 세상을 해석할 수 있는 사람이다. 책을 쓰는 사람은 그 해석의 언어를 갖는다. 그는 자신만의 독특한 콘텐츠를 발견하기 위해 애쓰고, 수많은 자료를 읽고 고민하며, 수십 권에서 수백 권의 책을 통과한다. 그 과정에서 그는 이미 자기 생각을 다졌고, 세웠고, 관점의 폭을 넓혔다.

책을 쓰고 나면, 우리는 달라진다. 우리의 생각을 증명할 수 있기 때문이다. 우리의 생각을 타인에게 말할 수 있고, 설명할 수 있고, 나눌 수 있기 때문이다.

전문가는 말할 수 있는 사람이다. 설명할 수 있는 사람이다. 나눌 수 있는 사람이다. 책을 쓰는 사람은 그 모든 것을 갖춘 사람이다. 그러니 지금, 당신이 무엇을 알고 싶은지, 무엇을 나누고 싶은지를 묻는다면, 그 답은 책을 쓰는 것이다. 책을 쓰는 자는 길을 만든다. 그리고 그 길은 누군가에게 빛이 된다.

2 역량 있는 삶으로 바꿔라

삶의 주체자가 된다

우리는 모국어인 한국어 사회 속에서 읽고 듣고 쓰고 말하며 살아간다. 인기 드라마를 시청하고, SNS에 짧은 문장들을 올린다. 한국어로 만들어진 콘텐츠를 소비하며 정보의 홍수 속에서 산다. 만이천여 개의 직업을 통해 경제활동을 이어간다. 다양한 직업군 속에서 이뤄지는 경제활동도 글 없이 할 수 있는 것은 없다.

최재천 교수는 모든 일의 끝은 글쓰기라고도 말했다. 그런데도 '글'을 쓰자고 하면 대부분 사람이 고개를 젓는다. 우리 사회는 글쓰기, 책 쓰기에 대한 고정관념을 가지고 있다. '글은 아무나 쓰는 것이 아니다, 더욱이 책은 특별한 사람, 잘난 사람만 쓰는 것이다'라고 생각한다. 그런 고정관념 덕분에 '내가 무슨 글을 써'라는 생각 안에 자신을 가두는 사람이 많다.

글을 쓰지 않는 사람은 자기 삶의 주체

자로 설 수 없다. 한근태는《당신이 누구인지 책으로 증명하라》에서 "극단적으로 말해 글을 쓰지 못한다는 건 어떤 의미일까? 지식이 없다, 별생각이 없다, 있는 생각마저 논리적으로 설명할 수 없다, 남을 설득하긴커녕 자신도 설명할 수 없다는 뜻 아닐까?"라며 일침을 가한다. 쓰는 사람은 자신만의 생각이 있고, 그것을 정리할 힘이 있는 사람이다. 쓰지 않는 사람은 생각이 있어도 생각을 표현할 길을 잃은 사람이다. 표현하지 않아도 되는 생각 안에 갇혀 사는 사람이다. 그렇게 되면 삶의 주체자로서의 지위도 잃어버리게 된다.

삶의 주체자로 살고 있는지 아닌지 판단할 방법이 있다. 자신의 삶에서 자주 쓰는 동사가 몇 차원의 동사인지 생각해보면 알 수 있다. 1차원의 동사는 먹다, 자다, 숨 쉬다, 마시다, 걷다, 뛰다, 보다, 듣다 등의 생명 유지를 위한 기초적인 활동을 나타낸다. 2차원의 동사는 인식과 감각의 단계이다. 배우다, 느끼다, 알다 등이 있다. 3차원의 동사는 인식보다 더 나아간 사유와 통찰의 동사이다. 깨닫다, 적용하다, 이해하다, 발견하다 등이 있다. 4차원의 동사는 깨달음보다 한 단계 더 발전한 창조와 기여의 동사이다. 융합하다, 창조하다, 이바지하다 등이다.

우리는 몇 차원의 동사를 사용하며 살아가는지 생각해보아야 한다. 1, 2차원의 동사만을 사용하여 살아간다면 자기 삶의 주체로 살아가기 어렵다. 보이는 그대로, 들리는 그대로만 살아간다. 3, 4차원의 동사를 사용하면서 살아가야지만 자기 삶의 주체자로 설 수 있다. 사회현상에 대하여 자신만의 의견을 가지고 있는가? 정치에 대해, 경제 현상에 대해, AI의 출현에 대해, 역사적인 문제에 대해, 문화에 대해, 문학에 대해, 종교에 대해 당신은 당신만의 의견을 가지고 있는가?

많은 사람이 자신은 생각이 있다고 여긴다. '나는 나름 괜찮은 사람이야.'라고 생각하는 사람 중에서 '나는 생각이 없는 사람이야.'라고 생각하는 사람은 없다. 자신은 생각을 잘 표현하는 사람이라고 여기며 살아간다. 그런데 정작 글로 자기 생각을 써 보라고 하면 하지 못한다. 글로 표현되지 못하는 생각은 살아있는 생각이 아니다. 자신만의 생각이 있는 것이 아니다. 생각이 없다는 반증이다. 삶의 주체자가 아닌 객체로 살고 있다는 증명이다.

4차원의 동사를 사용할 때, 진정한 삶의 주체자로 살아갈 수 있다. 글쓰기만으로 그치면 삶의 주체자로 완성되지 않는다. 책 쓰는 데까지 나아가야 진정한 삶의 주체자로 살 수 있다. 책 쓰기를 통해 자신만의 방법으로 지식을 융합하고 창조할 수 있다. 자신뿐만 아니라 타인의 삶을 세우는데 이바지할 수 있다. 한 번밖에 살지 않는 삶이다. 삶의 주도권을 타인에게 내어주어서는 안 된다. 자신이 삶의 주도권을 잡고 싶다면 글을 써야 한다. 글쓰기에 머물지 않고 책 쓰기까지 나아가야 한다.

끊임없이 도전하는 사람이 된다

책을 쓴다는 행위는 배움, 성장, 도전을 의미한다. 아무나 책을 쓰지 못하던 시대를 지나 이제는 아무나 책을 쓸 수 있는 시대이다. 박사학위가 없어도 책을 쓰고 출간할 수 있는 시대이다. 그런데도 자신만의 책을 쓰지 못했다면 당신은 아직 도전하지 않은 것이다.

한 권의 책을 집필하는 것은 자신과의 싸움이다. 운동선수들이 경기에서 이기기 위해서는 상대 선수를 이겨야 한다. 그런데 상대 선수를 이기기 전에 자기 자신부터 먼저 이겨야 한다. 자신의 한계를 알고, 그 한계를 뛰어넘어야만 자신을 이기고 상대도 이길 수 있다. 이것은 스포츠만이 아닌 삶의 모든 모양에 해당한다.

요즘 러닝 붐이 일고 있다. 모두 뛴다. 뛰다가 자신의 한계를 돌파하게 되는 임계점에 도달했을 때의 그 쾌감을 말로 다 형용하지 못한다고 한다. 무릎이 약해서 뛰지 못하는 나는 잘 뛰는 사람들이 부럽다. 그런데 책을 읽고 글을 쓰고 책을 쓰다 보니 깨닫게 되었다. 뛰는 사람들만 그 임계점을 돌파할 수 있는 것이 아니다. 읽고 쓰면서 자신도 생각하지 못했던 새로운 생각들이 탄생한다. 저자의 생각과 내 생각을 연결하여 나만의 지식과 지혜를 만들어낸다. 글로 써 내려간다. 글이 쉬지 않고 써진다. 뿌듯함과 쾌감이 밀려온다. 달리지 못하는 내가 머리를 써서 자신의 한계를 돌파해 나가고 있다.

그전에는 상상조차 하지 못했던 나의 모습이라 어리둥절하기만 하다. 읽고 쓰고 생각하고 창조하는 인간으로 진화되는 나 자신을 보며 기특하다. 자신과의 싸움에서 이기고 있는 나를 만난다. 글을 쓰면서 뛰는 사람들이 자신과의 한계를 돌파하며 느끼는 기쁨을 동일하게 느낀다.

자신의 한계에 도전해 본 사람은 안다. 《더 빠르게 실패하기》에서는 도전하지 못하는 사람의 특징에 대해 다음과 같이 알려준다. "반대로 실패하는 사람의 공통점은 준비가 덜 된 것을 시작하지 않아야 할 신호로 여긴다. 그리고 계획을 새롭게 바꿔 볼 궁리를 한다. 점점 더 많은 시간을 준비와 계획에 쏟아붓는 것이다." 실패하는 사람은 도전하려고 생각하지 못한다. 준비가 덜 되었다고, 자격을 갖추지 못했다고 생각할 뿐이다. 반면 성공하는 사람들의 공통점은 자신의 능력과 한계를 드러낼 기회를 찾아다닌다고 한다. 이런 태도는 더 빠르게 배우고 성장하게 만든다. 자신의 한계를 뛰어넘기 위해 노력해 본 사람은 안다. 더 빨리 도전할 때, 더 빨리 실패하더라도 더 많이 배울 수 있다는 것을 안다. 세상에 어려운 일이 없다는 것을 안다. 무슨 일이든지 할 수 있겠다는 자신감이 생긴다. 무슨 일이든지 자신을 주저앉힐 일은 없다는 것을 안다. 그것은 자기가 자신에게 줄 수 있는 최고의 선물이다. 최고의 상이다. 책 쓰기는 자신의 한계를 딛고 도전하려는 사람이면 반드시 거쳐야만 하는 과정이다.

책을 쓴 사람은 도전에 한계가 없다. 세상에 먹어보지 않은 사람은 있어도 한 번 먹은 사람은 없듯이, 책 쓰기도 같다. 책 한 권을 쓴 사람은 거의 없다. 한 권 쓴 뒤 그 맛을 알아 계속해서 책 쓰기에 도전한다. 책을 출간하면서 자신도 모르게 역량 있는 사람이 된다.

세상을 바꿀 수 있는 역량을 갖춘다

우리는 왜 책을 써야 하는가? 좋은 대학과 직장에 들어가기 위해서? 훌륭한 리더가 되기 위해서? AI 시대에 AI에게 조종당하지 않기 위해서? 돈을 많이 벌기 위해서?

글을 써야 하는 새로운 이유가 있다. 인간이 인간 되게 하는 것은 글쓰기, 더 나아가 책 쓰기에 있다. 세상에 '인간'이라는 존재로 태어났다면 그 존재의 사명은 세상의 빛과 소금이 되는 것이다. 그 누구도 아무런 존재감 없이 이 세상에 왔다가 연기처럼 허망하게 사라지는 것을 원하지 않을 것이다. 딱 한 번 사는 인생이라면 누구라도 그 삶에서 의미와 가치를 찾고 싶지 않을까? 그 의미와 가치는 바로 세상의 빛과 소금이 되는 것이다.

세상의 빛과 소금이 된다는 것은 무슨 의미일까? '빛'이라는 단어에는 두 가지 특징이 있다. 첫째 특징은 어두운 곳에 밝음을 만들어내는 것이고, 둘째 특징은 서로를 비춰준다는 것이다. '소금'의 첫째 특징은 맛을 낸다는 것으로, 음식에 소금 간이 없다면 밍밍해서 먹을 수가 없다. 소금으로 적절한 간을 해야 음식이 음식의 역할을 할 수 있다. 둘째 특징은 소금은 부패를 막는다. 예로부터 음식을 오래 보존할 때 소금을 사용했다. 소금은 음식이 부패하는 것을 막아준다. 사람이 세상에 태어나서 세상의 빛과 소금이 된다는 의미는 어두운 곳에 빛을 만들어내고, 서로가 부패되지 않도록, 제맛을 내도록 비춰준다는 것이다.

인간이 세상의 빛과 소금이 되도록 해주는 단 하나의 활동은 단언컨대 책 쓰기이다. 앤 라모트는 《쓰기의 감각》에서 책을 써야 하는 이유에 대해서 이렇게 말한다. "예술의 전통은 사회가 어떤 모양을 취하든지 간에 꾸준히 이어질 것이다. 이것은 글을 써야 하는 또 다른 이유이기도 하다. 즉, 사람들은 우리를 필요로 한다. 왜곡 없이 자신들을 비춰주고 서로를 비춰주기 위해."

책을 통해서 우리는 자신의 모습과 양심을 비춰볼 수 있다. 더 나아가 서로의 모습을 비춰 줄 수 있다. 또, 책을 통해 삶이 제맛을 내도록 할 수 있다. 책은 슬픔이 필요한 곳에 슬픔을, 위로가 필요한 곳에 위로를, 진실이 필요한 곳에 진실을, 용기가 필요한 곳에 용기를, 웃음이 필요한 곳에 웃음을 선사할 수 있다.

책을 쓰면, 글쓴이 자신부터 성장하고 변화된다. 더 나아가 저자가 사랑하는 사람들인 독자도 성장과 변화를 위한 한 발을 디딘다. 글쓴이와 읽는 이의 관계는 읽는 이가 글쓴이로 성장하는 연결을 만들어내고, 글쓴이는 다시 읽는 이가 되는 연결고리들이 계속해서 이어진다고 생각해 보라. 글을 통해 서로를 향해 빛과 소금이 되어 줄 때, 인간은 인간다워진다. 세상을 바꿀 수 있는 역량 있는 개인들이 세워져 세상을 변화시킨다.

3 문해력을 완성하라

책 쓰기가 문해력을 완성한다

"당신은 문해력을 갖춘 사람입니까?"라는 질문에 당신은 자신 있게 "예."라고 대답할 수 있는가? 최근 2~3년의 한국 사회를 뜨겁게 달군 한 단어가 있다면 '문해력'을 꼽을 수 있다. 김을호는 《결국 독서력이다》에서 이런 말을 한다. "문해력은 갈수록 복잡해지는 세상에서 어쩌면 절박한 생존 비법으로 주목받을 가능성이 크다."

한국 청소년과 성인의 문해력 수준이 OECD 가입국 중 최하위에 달한다는 통계 결과는 우리를 깜짝 놀라게 한다. 대학 진학률이 70%가 넘는 고학력 사회에서 문해력 부족이라는 결과는 받아들이기 힘들다. 문해력의 결핍과 함께, 성인 독서 비율도 선진국 중 최하위를 달리는 모습은 현재 대한민국의 위상과는 맞지 않는 듯하다.

문해력 결핍에 맞서 문해력을 키워야

한다고 주장하는 수많은 책이 쏟아져 나온다. 공부를 위한 문해력, 일을 위한 문해력, 성장을 위한 문해력, 미디어를 위한 문해력, AI 문해력, 영어를 위한 문해력 등 '문해력'을 갖추기 위한 지침서가 서점가를 점령했고, 국민의 문해력 부족의 우려와 대책에 대한 뉴스도 끊임없이 전해지고 있다.

 문해력을 완성하기 위해 효율이 가장 높은 방법은 무엇일까? 바로 책 쓰기다. 단 한 권의 책을 쓰더라도 감히 최고 수준의 문해력에 도달할 수 있다고 단언할 수 있다. 책을 쓰는 과정은 문해력이 정점을 향하도록 이끈다.

 문해력은 문자 그대로 문자로 된 기록을 읽고 그것에 담긴 정보를 해석하는 능력이다. 미디어의 홍수와 AI의 발전 가운데 사는 우리는 비단 문자로 된 정보 해석뿐만 아니라, 문자와 더불어 영상과 이미지까지도 읽고 해석하는 능력을 갖추어야 한다. 송길영은 《시대예보: 핵 개인의 시대》에서 "원래 문해력이란 문자로 된 기록을 읽고 거기 담긴 정보를 이해하는 능력을 말합니다. 새로운 시대의 문해력은 문자에만 머무르지 않고 숫자, 이미지, 영상을 포괄한 디지털에 대한 이해로 확장됩니다"라며 새 시대의 문해력에 대해 정의한다.

 문해력, 곧 리터러시(literacy)는 자기 생각이나 느낌을 상대방이 알아들을 수 있도록 정확하게 표현할 수 있는 능력이다. 이 능력이 갖추어져 있을 때, 타인의 생각과 느낌도 정확하게 이해할 수 있다. 이해에서 그치는 것이 아니라 자신의 경험과 배경 지식을 연결하고 활용하여 스스로 질문하고 답할 수 있는 능력을 갖춘다. 이 능력을 최대치로 극대화할 수 있는 유일한 방법은 책을 쓰는 것이다. 독서만 해서도 안 되고, 글쓰기만 해서도 안 된다. 글쓰기와 독서가 융합되어야 한다. 글쓰기와 독서가 융합된 글쓰기가 책 쓰기다. 다량의 독서와 글쓰기를 통해 문해력이 완성된다.

책 쓰기는 문해력 완성을 위한 단 하나의 비법이다. 문해력 완성으로 나아갈 수 있는 단 하나의 비법이라면 고등학생 이상은 책 쓰기로 문해력 완성을 이룰 필요가 농후하다.

독서 방법론이 터득된다

사람들은 '독서 따로, 글쓰기 따로, 책 쓰기 따로'라고 생각하는 경향이 짙다. 이 셋은 상호 보완적이다. 사람들은 독서의 방법이 무엇이 좋을지 고민한다. 독서는 방법보다 독서를 하는 것이 더 중요하다.

독서가 무엇인가를 알 수 있는 최고의 방법은 책 쓰기다. 책을 쓰기 위한 독서가 무엇인지 터득된다. 책을 쓰면 책을 많이 읽게 된다. 다양한 분야의 책, 신문기사, 논문 등 많은 자료도 읽는다. 책을 쓰기 위해 읽으면서 자신만의 독특한 독서 방법론을 터득할 수 있다.

읽기만으로는 책을 쓸 수 없다. 읽으면서 정리하고, 자신만의 생각을 덧붙여야 한다. '책은 자료로 쓴다'라는 말처럼 책 쓰기는 독서를 통한 자료 수집이 중요하다. 쓰고자 하는 책의 주제와 소재가 잡히면 본격적인 독서가 시작된다. 책의 주제와 소재가 있으면 주제와 소재를 생각하며 읽는다.

책을 쓰기 위해서는 주제를 유념한 읽기를 한다. 이렇게 읽으면 세 가지 이점이 있다. 첫째, 주제와 소재에 적확하게 들어맞는 자료를 찾을 수 있다. 둘째, 자신이 쓰고자 하는 주제와 비슷한 분야의 책을 읽으면서 다른 저자들과는 다른 자신만의 차별화된 관점을 찾을 수 있다. 셋째, 자신이 쓰고자 하는 주제와 전혀 관계가 없는 책을 읽을 때, 통찰을 끌어낼 수 있다. 독서를 읽는 것만으로 터득하려면 터득이 늦다. 책 쓰기로 독서 방법은 빠르게 터득된다.

글쓰기가 완성된다

책 쓰기를 하면 글쓰기가 완성된다. 글쓰기를 완성하는 길은 책을 쓰는 것이다. 책을 쓰려면 글 쓰는 모든 방법을 사용해야 한다. 책 쓰기는 독서법과 글 쓰는 법 그리고 자신의 성장시키는 최고의 방법이다. 책을 쓰면 글쓰기의 기본기를 탄탄히 다질 수 있다.

내가 인도하는 글쓰기 모임은 글만을 쓰기 위한 모임이 아니다. 최종 목적은 책 쓰기다. 글을 쓰는 사람을 중심으로 매년 책을 출간한다. 글쓰기 모임에서는 주제를 잡아 글을 쓴다. 쓰는 시간은 30분 전후이다. 이런 글쓰기 훈련은 공저를 위한 글쓰기 연습으로 좋다.

책을 쓸 때 글쓰기의 5가지 방법을 활용하면 글쓰기가 완성된다. 5가지 글쓰기 방법을 활용하면 독자와 공감할 수 있는 좋은 책이 탄생한다.

첫째, 하나의 주제를 관통해야 한다. 주제에 일관성이 없다면 독자는 저자의 의도를 파악하지 못하게 된다. 이해가 안 되므로 독자와의 소통이 끊어진다. 책을 쓰는 궁극적인 목적은 소통에 있다. 저자와 독자 사이에 소통이 되려면 하나의 주제의 글로 써야 한다.

둘째, 두괄식의 글이어야 한다. 점점 짧아지는 집중력 때문에 책을 읽기가 어려운 시대에는 하고자 하는 말을 맨 앞에 둬야 한다. 사람의 집중력이 8초라는 연구 결과는 두괄식 글을 써야 하는 당위성을 말한다. 두괄식으로 쓰라는 말은 다른 말로 결론부터 쓰는 것이다.

두괄식으로 쓸 때 독자를 붙들어 둘 수 있다. 수십 편의 글로 엮어진 책은 독자의 시선을 집중시키고, 뒤의 글까지 읽고 싶다는 호기심을 불러일으켜야만 한다.

셋째, 단문이어야 한다. 주어, 목적어 서술어로 구성된 문장의 글이어야 한다. 글의 호흡이 짧은 것이 좋다. 문장이 두 개 이상의 술어가 들어가면 독자가 이해를 힘들어한다. 글이 읽기 어려워지는 순간 책은 힘을 발휘하지 못한다.

넷째, 논리를 갖추어야 한다. 저자가 하고 싶은 말이 설득력 있게 전달되게 해야 한다. 글의 논리성이 무너지면 책은 생명력을 잃는다. 논리적이지 않아 읽는 이의 마음과 생각과 행동에 변화를 일으키지 못한다면 책은 존재 가치가 없다.

다섯째, 논증 중심의 글이어야 한다. 설명 글 위주의 책은 독자의 마음을 파고들기 힘들다. 자신이 하고 싶은 말에 사례와 근거를 둘 때 독자의 마음이 움직인다. 논증은 적확해야 한다.

공부의 마지막 퍼즐을 맞추게 된다

글쓰기와 책 쓰기는 다르다. 글쓰기는 독자가 필요 없는 경우도 있다. 일기는 독자가 없다. 글쓴이만 있다. 글쓰기는 자신의 느낌이나 감각, 생각 등을 단편적으로 쓴다. 글은 누구나 마음만 먹으면 쓴다. 글을 쓰면 표현력과 어휘력 등이 향상된다.

책 쓰기는 독자가 존재한다. 책은 누군가로부터 읽혀야 한다. 책은 하나의 주제를 관통하는 여러 꼭지의 글이 담겨 있다. 책은 아무나 쓰기 힘들다. 글쓰기보다 더 많은 역량을 갖춰야 한다. 책을 쓰면 문해력이 비약적으로 성장한다.

책은 상상력, 사고력, 창의성, 문장력, 구성력, 융합력, 공감력이 뒷받침되어야 한다. 책을 쓰기 위해서는 자신만의 독창적인 관점과 문제해결 능력을 갖춰야 한다. 책을 쓰려면 지식, 정보, 경험, 배경 지식, 그리고 상상력을 연결해야 한다. 저자라는 개인의 경험과 필요가 지식과 만나 새로운 지식으로 탄생하고, 그 새로운 지식이 타인을 위해, 세상을 위해 도움을 줄 수 있어야 한다.

책 쓰기는 그동안 해온 공부의 마지막 퍼즐 맞추기다. 독서, 글쓰기, 상상력 등의 퍼즐을 맞추는 것은 책 쓰기로 마무리된다. 공부는 자신만의 퍼즐만 맞추지 않는다. 타인, 세상과도 퍼즐을 맞춘다. 마지막 공부인 책 쓰기는 더 많이, 더 깊이 알도록 하는 기폭제가 된다.

  책을 쓰면 세상 지식에 몰입한다. 자신이 어떻게 살아가야 하는가에 몰입한다. 책 쓰기로 창조자, 기획자의 삶을 산다. 앞으로는 직장에 취업하는 시대가 저물고 있다. 즉 취업의 시대가 아니라 창업의 시대이다. 책을 쓰면 1인 창업자가 된다. 시대가 요구하는 창업자가 된다. 책 쓰기는 공부의 마지막 퍼즐 맞추기로 그치지 않는다. 직업의 퍼즐 맞추기다. 인생의 퍼즐 맞추기다. 미래를 어떻게 살 것인가의 대안이다.

4 나다운 책을 쓰면 독자가 행복하다

독자에게 행복감을 준다

2025년 8월 10일 어느 날, 오후 7시 갑자기 빵이 먹고 싶어졌다. 동네에 파리바게뜨가 두 곳 있다. 한 곳을 갔더니 두 곳 모두 빵이 없다. 빵집에 빵이 없는 것은 처음 경험한 순간이다. 빵이 없어도 한 조각도 없는 것은 처음이다. 물어보니 그날이 파리바게뜨 50% 세일하는 마지막 날이란다. 그동안 'T 멤버십 감사 릴레이 할인' 행사를 10일간 했단다.

 내가 파리바게뜨에 가는 이유는 겉은 바삭하고 속은 촉촉하며 안에 크림이 들어간 빵을 사기 위해서다. 나는 거의 그 빵만 산다. 빵이 먹고 싶은 날이 하필 세일 마지막 날이었다. 할 수 없이 두유만 샀다. 빵집에 빵이 없어 비록 빵을 사지 못했지만, 고객에게는 큰 행복감을 안겨준 날이라는 생각이 들었다.

 50% 고객 감사 세일이 고객에게 큰 행

복감을 주었다. 우리가 쓸 책은 그런 책이길 원한다. 책은 독자에게 행복감을 줄 수 있어야 한다. 책을 읽고 흥분에 겨워 잠을 설칠 정도여야 한다. 흥분감이 들면 감동이 깊어 책에 푹 빠진다.

내가 쓴 책으로 독자는 행복감으로 뇌의 일부가 아니라 우뇌와 좌뇌, 그리고 고피질과 뇌간에 이르기까지 뇌 전체가 흥분한다. 책으로 이어진 행복감은 그날은 물론 삶에 일정 기간 감동의 도가니가 된다. 독자에게 준 행복감은 마음 치료까지 이뤄진다. 석근대는 《삶을 쓰는 글쓰기》에서 "마음을 치료하는 글쓰기는 '공감'이 그 바탕에 있다고 한다. 마음을 헤치는 글은 '공갈'의 글이다. 공감의 글은 오감으로 썼기에 감동케 한다"라며 글쓰기가 마음을 만져주는 것을 강조했다.

책은 독자에게 감동을 주려 해야 한다. 그러면 선물과 같은 하루가 된다. 그 감동은 주변 사람에게까지 퍼져 감동을 전이시킨다. 감동에 빠진 독자의 영혼이 풍성해진다. 그 감동으로 일생을 행복하게 살아갈 힘을 얻는다. 이전과 다른 세상을 살게 된다.

독자의 마음을 헤아린다

책 쓰기는 저자 중심이 아니라 독자 중심이다. 독자에게 도움이 되는 책인가가 중요하다. 독자의 마음이 위로를 얻고, 생각하게 되고, 삶에 유익을 줄 수 있어야 한다. 독자의 마음을 헤아려 쓸 때 고려할 사항이 있다.

첫째, 책이 읽고 싶어져야 한다.

책을 쓰는 목적 중 하나가 저자를 알리는 것이다. 그리고 독자의 마음을 헤아리는 것이다. 독자의 마음을 헤아리지 못하면 독자의 관심에서 벗어난다. 책은 독자가 읽고 싶어야 한다. 독자가 책을 손에 들었을 때 '내가 찾던 책이야'라고 할 수 있어야 한다. '왜 이런 책을 썼어'라고 반문하면 안 된다. 어릴 적 만화를 읽으며 깔깔거렸던 적이 있다. 그런 책은 손에 잡은 뒤 단숨에 읽는다.

둘째, 쉽게 써야 한다. 이미지 시대에 독자는 글보다는 영상에 눈이 간다. 영상 시대에 영상보다 의미 있거나 쉬워야 한다. 쉽게 쓰이지 않으면 독자는 유튜브, 틱톡 등에 눈길을 준다.

어떤 저자는 의미 있고, 통찰력이 있는 책을 써야 한다고 일갈한다. 그것도 좋지만 독자가 읽고자 해야 한다. 책을 읽지 않는 90%가 읽고 싶어야 한다는 말이 있다.

셋째, 이미지를 남겨주어야 한다. 독자는 책을 읽은 뒤 뭔가를 남기려 한다. 남지 않으면 읽으려 하지 않는다. 읽은 책에서 강렬한 이미지를 남겨주어 독자를 흡족하게 만들어야 한다. 이미지가 남으면 이후 책부터 저자의 책을 죄다 읽는다. 저자의 '신간 알림

신청'으로 다음 책을 기다린다.

넷째, 독자의 마음을 충족시켜야 한다. 이상민은 《책 쓰기의 정석》에서 현재의 시대와 독자들의 니즈를 결합하라고 한다. "방송 노출이 있는 것, 유명한 인물, 유행 및 트렌드 등도 현재 책으로 출간될 가능성 및 베스트셀러가 될 가능성이 있다. 현재 책으로 나오지는 않았지만, 현재 독자들의 니즈가 폭발할 조건이 갖추어졌다고 보아야 하기 때문이다." 독자의 니즈를 만족시키기 쉽지 않다. 독자마다 선호하는 것이 다르다. 어떤 독자는 동기부여를, 어떤 독자는 톡톡 튀는 감성을, 어떤 독자는 스토리에 빨려 들어가길 원한다.

다섯째, 저자까지도 만족시켜야 한다. 책 쓰는 1차 독자는 작가이다. 저자를 만족시키지 않고 독자를 만족시키는 것은 어불성설일 수 있다. 어떤 작가는 책 쓰는 목적이 자기만족이라고 입버릇처럼 말한다. 자기 만족하기 위한 퇴고가 끝이 없다. 다 썼다고 한 뒤, 몇 달 지나면 다시 쓰고 있다. 몇 년 지난 뒤 또 쓰는 경우도 있다. 대화 중 이런 말을 한다. "쓰고 싶은 책을 썼으니 이젠 안 써도 후회하지 않는다."

책은 독자 마음 헤아리기다. 독자의 마음을 기쁘게 하고 만족시켜야 한다. 독자와 니즈를 만족시키면 출간 이후의 결과가 좋다.

독자의 삶을 재설정한다

리셋(reset)이란 말이 있다. '초기화', '재설정'이라는 뜻이다. 누구나 한 번쯤은 인생을 새롭게 시작하고 싶어 한다. 그럴 때, 삶의 방향을 바꾸는 강력한 도구가 있다. 책도 그러하다. 책을 쓰면 독자의 삶이 재설정된다. 이전과 완전히 방향이 바뀐 삶을 산다. 때론 계획에도 없던 삶을 살아간다.

책은 단순한 정보의 집합이 아니다. 한 문장, 한 구절, 한 권의 책이 독자의 내면을 흔들고, 삶의 궤도를 바꿔놓는다. 그 이후로 독자의 삶은 저절로 재설정된다. 어떤 독자는 장자를 읽고 인생의 본질을 다시 생각하게 되었다. 또, 어떤 독자는 성경을 읽고 삶의 기준을 다시 세웠다. 책은 그렇게 조용히, 그러나 강력하게 독자의 삶을 재설정한다.

독자의 삶을 재설정하는 것은 읽기로부터 시작된다. 이런 이유로 읽기는 변화의 시작이다. 책을 읽는다는 것은 타인의 시선으로 나를 다시 바라보게 한다. 그 시선은 때로는 따뜻하고, 때로는 날카롭기도 하다. 하지만 그 모든 시선은 독자가 스스로를 다시 재정의하게 만든다. 책은 독자가 '나답게' 살아갈 수 있도록 돕기 때문에 이전의 삶과 다른 삶을 살게 해준다.

책을 쓰면 삶이 바뀐다. 나뿐 아니라 저자들은 책 쓰기로 배움의 여정을 새롭게 시작한다. 더 강력한 여정을 만드는 것은 독자이다. 책이 독자의 삶에 닿는 순간 이전과 다른 삶으로 리셋 해준다. 책은 독자의 것이 되는 순간 상상하지 못한 힘을 발휘한다.

세상에 많은 것이 인생을 재설정하게 해준다. 친구일 수 있다. 학위일 수 있다. 직장일 수 있다. 가장 영향력이 큰 것은 책이다. 책은 조용히, 그러나 확실하게 사람의 인생의 궤도를 바꾸어준다. 책이 인생을 재설정해 준다면 우리는 책을 읽고, 할 수만 있다면 책을 써야 한다. 누군가의 인생을 다시 시작하게 하는 단 하나의 명문장을 쓰기 위해서라도 써야 한다.

애플의 스티브 잡스는 하나의 문명을 열었다. 그는 문명의 진보를 위해서 자신의 인생을 걸었기에 가능했다. 아이폰으로 이전과 다른 세상을 열었다. 메타의 마크 저커버그는 고객의 인생을 바꾸기 위해 옷 선택에 시간을 쓰는 것을 사치이자 기만이라고 여기며, 같은 티셔츠만 입는다고 한다. 누구나 다른 사람에게 영향을 끼치고 싶어 한다. 그 중 강력한 것이 책 쓰기다. 그렇다면 책 쓰기로 독자 한 사람의 삶을 재설정하는 것이야말로 가장 조용하지만 가장 강력한 혁명이다.

박웅현은 《여덟 단어》에서 세상을 변화시키고 사람들에게 영향을 주고 싶다면 먼저 타인을 배려하고 자신의 생각을 정리하는 습관이 필요하다고 강조한다. 그는 이러한 태도가 성공적인 소통으로 이어지며, 누구나 사람의 마음을 움직일 수 있는 힘을 지니고 있다고 말한다. 결국, 소통을 잘하면 주변 사람들도 변화하게 된다는 것이다. 책은 주변 사람들과 소통하게 하고 변화하게 하는 최상의 대안이다.

책은 독자의 삶을 리셋하게 만든다. 책은 단순히 정보 전달을 넘어 독자의 내면을 흔든다. 독자가 삶의 방향을 진지하게 질문하게 만든다. 우리가 한 권의 책을 쓰면 독자의 삶에 균열이 일어나기 시작한다. 작은 변화가 만들어진다. 독자의 삶은 큰 변화의 소용돌이 속으로 들어간다.

책이 독자의 삶을 재설정하는 것은 책을 쓴 저자의 삶을 통과한 언어이기 때문이다. 그 언어가 독자에게 닿아 변화의 씨앗이 된다. 독자의 삶을 재설정하는 진정한 리셋의 도구가 된다. 책 쓰기는 독자의 마음을 흔들고, 독자에게 새로운 삶을 시작하게 만든다.

5 파문을 일으켜라

비유로 독자의 마음에 친숙하게 남게 해 주어야 한다

책을 써야 하는 이유는 여러 가지가 있다. 자신의 명예를 높이기 위해 책을 쓴다. 수익 파이프를 하나 더 늘리기 위해 책을 쓴다. 강의나 강연을 위한 수단으로 책을 쓴다. 그러나 책을 쓰는 궁극적인 목표는 세상에 도움이 되기 위해서이다. 독자에게 도움을 주기 위해 책을 쓴다. 세상에 존재하는 동안 세상에 기여하고 싶은 마음으로 책을 쓴다.

책은 독자의 마음에 남아야 한다. 그래야 책으로써의 존재 가치를 갖는다. 독자의 마음을 파고드는 책이 되기 위해서는 비유를 적절하게 사용해야 한다. 사람을 움직이는 것은 논리보다는 비유이다. 복지를 '안전망', 산업을 '국가의 엔진' 또는 '사회의 원동력', 리스트의 연주를 '음악의 바다', 인생을 '마라톤'이라고 표현하면 독자의 마음을 파고드는 것을 물론 마음에 파문을 일으킨다.

비유는 파문을 일으키는 것은 독자의 마음에 하나의 개념을 남겨주어 한 가지라도 분명하게 새겨준다. 그리고 독자의 마음에 메시지를 남겨, 독자가 비유를 놓치지 않고 따라다닌다. 이처럼 비유가 닫힌 마음을 연 뒤 마음에까지 새겨지는 것은 비유가 강력하다는 증거이다. 예수님은 비유로 독자의 마음을 사로잡았다. 장자 등의 고전이 독자의 마음을 파고들게 하는 것은 비유도 한몫하기 때문이다.

비유란 비슷한 성질을 가진 것들을 비교해 원하는 결론을 도출하는 기법이다. 다른 두 영역을 비교함으로 어렵고 복잡한 개념을 쉽게 설명한다. 비유는 글을 이미지로 선명하게 그려낸다. 비유는 독자의 마음에 하나의 이미지를 남겨 독자가 글을 자기 것으로 만들게 한다.

박홍순은《말의 전쟁》에서 비유를 이렇게 설명한다. "비유는 내용을 쉽게 전달하기 위한 것에 머물지 않고, 문제의 본질을 드러내는 데에도 유용해야 쓰인다. 구조적인 본질을 설명하는 개념어를 사용해야 하는 경우가 많다." 비유를 잘 사용하는 사람들이 있다. 무라카미 하루키는《기사단장 죽이기》는 '~처럼'으로 끝나는 비유법이 수두룩하다. 경제학자 장하준은 매번 비유를 적극적으로 활용한다. 스티브 잡스도 비유를 통해 자기 생각을 전달하는

데 능하다.

　비유는 문제의 본질을 드러내는 데 최적의 방법이다. 비유를 사용하면 어려운 개념도 쉽게 이해하도록 해준다. 추상적인 의미를 구체적인 이야기로 전달한다.

　예수님은 비유의 달인이셨다. 그가 비유로 말씀하시자 청중들이 그 이야기에 환호했다. 어렵다고 생각한 하늘의 이야기가 세상 사람들에게 친숙하고 쉽게 전달되었다.

은유로 독자의 마음에 뭐라도 새겨주어야 한다

은유는 독자의 마음에 파문을 일으킨다. 아무것에도 영향을 받지 못하던 독자의 마음에 동기를 불러일으킨다. 변하고자 하는 욕구를 만든다. 은유로 묘사하면 독자의 마음 한자리가 움직이지 않을 수 없게 만든다.

　적절한 은유 표현을 찾아내기 위해서는 세상을 낯설게 보려는 노력이 필요하다. 내 기억에 남는 은유 표현 몇 가지가 있다. '주머니가 없는 바지와 같다'라는 문장과 '봄이 파이프에서 뚝뚝 새고 있었다'라는 문장이다. 앞의 문장은 미국 작가 앤 나폴리타노의 작품에 나온 문장이다. 뒤의 문장은 김애란 소설가의 단편 소설에 나온 문장이다. '주머니가 없는 바지'는 뭔가 입어도 허전하고, 바지로서의 효율성이 떨어지는 것 같다는 느낌을 준다. 반드시 있어야 하는 자리가 텅 빈 듯한 느낌도 든다. 주머니 없는 바지는 입기는 입어도 개운하지 않은 마음을 준다. 이 문장은 결핍을 조용히 드러내며, 우리가 기대했던 역할이나 의미가 빠져나간 자리를 섬세하게 비춘다.

봄이 파이프에서 뚝뚝 떨어지는 물처럼 새고 있다는 건, 계절이 우리 삶에 조용히 스며드는 방식에 대한 은유다. 그것은 요란한 꽃망울이나 눈 부신 햇살이 아니라, 새벽의 적막 속에서 들려오는 물방울 소리처럼 은근하고도 집요하다. 익숙한 일상 속, 낡은 파이프의 틈에서 흘러나오는 봄은 마치 감춰졌던 희망이 조금씩 새어 나오는 것 같기도 하다. 그 물방울은 마음속 깊은 곳에 닿아, 우리가 잊고 있던 감각을 깨운다. 봄은 그렇게, 아무도 모르게 시작되고, 삶의 가장 평범한 자리에서 기적처럼 피어난다는 것을 알려준다.

이런 신박한 비유와 은유 표현을 만들기 위해서는 좋은 글을 쓰는 작가의 책을 많이 접해야 하는 것과 동시에 스스로 좋은 표현을 만들기 위해 노력해야 한다. 은유가 독자의 마음에 잊을 수 없는 문장으로 남게 해준다.

은유는 어려운 것을 쉽게 풀어낸다

전문가는 어려운 것을 쉽게 설명하는 사람이다. 쉽게 설명하게 하는 데 은유가 중요한 역할을 한다. 은유는 어려운 개념을 쉬운 개념으로 설명한다. 쉽게 설명해야 하는 전문가는 은유를 적절히 사용할 줄 안다.

은유는 복잡하고 추상적인 개념을 낯익은 이미지로 바꾸어 이해를 가능하게 만드는 언어의 마술이다. 김용규와 김유림은 《은유란 무엇인가》에서 "은유는 지각 또는 이해하기 어려운 대상의 본질을 이미지로 형상화해 보여줌으로써 상대가 이해하고 공감하게 한다"라며, 은유를 '이해를 여는 열쇠'로 정의한다. 이는 단순한 설명을 넘어, 감각적 공감과 직관적 통찰을 동시에 열어주는 방식이다. 유영만 교수 또한 《책 쓰기는 애쓰기다》에서 "개념을 논리적으로 다시 정의하지 않고 전혀 다른 개념과 연결 지어 우리의 인식의 지평을 넓게 열어주는 것이 은유다"라고 말하며, 은유가 사고의 경계를 확장하는 도구임을 강조한다. 나탈리 골드버그는 《뼛속까지 내려가서 써라》에서 "은유의 세계에서는, 안개 낀 저녁에 가로등이 켜진 도시의 풍경을 바라보는 것처럼 모든 사물의 경계가 사라지게 된다."라고 말한다.

은유의 힘은 일상에서뿐 아니라 과학과 경제 분야에서도 두드러진다. 예컨대 물리학에서는 "우리는 공기 바다의 바닥에 살고 있다"라는 표현을 통해 대기압이라는 추상적 개념을 시각적으로 이해하게 한다. 인지심리학에서는 "뇌는 컴퓨터다"라는 은유를 통해 정보처리 과정과 기억 구조를 설명한다. 이 은유는 단순한 비유를 넘어, 실제 연구 방향과 이론 형성에 영향을 주는 인지 도구로 작동한다. 경제 분야에서도 은유는 개념을 생생하게 전달하는 데 사용된다. "경제는 엔진이다"라는 표현은 생산과 소비의 순환 구조를 기계의 작동 원리로 비유하며, "시장에 유동성이 넘친다"라는 말은 돈의 흐름을 액체처럼 상상하게 한다. 또 "금융위기는 도미노처럼 무너진다"라는 표현은 복잡한 금융 시스템의 연쇄적 붕괴를 시각적으로 그려낸다. 이러한 은유들은 독자가 개념을 머리로만이 아니라 몸으로도 느끼게 만든다.

책을 쓰는 일에서도 은유로 독자에게 쉽게 이해할 수 있는 역할을 하게 해야 한다. 은유는 단순히 문장을 아름답게 만드는 장치가 아니라, 독자의 인식 구조를 흔들고 확장하는 도구다. 은유를 통해 작가는 추상적인 감정이나 복잡한 사상, 낯선 세계를 독자의 손에 쥐여줄 수 있다. "사랑은 오래된 우물이다", "기억은 먼지 낀 창문이다" 같은 표현은 독자가 자신의 경험을 새롭게 바라보게 하고, 언어 너머의 감각을 일깨운다. 은유는 독서의 경험을 단순한 정보 습득이 아닌 감각적 탐험으로 바꾸며, 책을 쓰는 이에게는 독자와 깊이 연결되는 다리이자, 사유의 지평을 넓히는 창이다.

파문은 여백을 남긴다

은유로 독자의 마음에 파문을 일으키려면 은유를 위한 은유를 하지 말아야 한다. 나탈리 골드버그는 《뼛속까지 내려가서 써라》에서 "은유를 위한 은유를 하지 말라. 무언가를 은유하기 위해 당신의 마음을 인위적으로 '만들어내는' 일을 하지 말라는 것이다." 대신 뇌가 활발하게 활동할 수 있도록 해주어야 한다. 은유는 서로 다른 지식과 경험을 끄집어내어 두 개 이상의 개념을 섞어 새로운 개념을 창출로 만들어지기 때문이다. 지식과 경험을 쌓는 중에 어휘를 발전시키고 개념을 확장하는 과정에 은유가 생성된다. 그리고 읽고, 옮기고, 바꿔 쓰기의 과정을 통해 은유를 창작하는 눈이 생긴다.

  훈련과 인고의 과정을 통해 자연스럽게 만들어진 은유는 독자의 마음을 강력하게 파고든다. 이런 은유가 곳곳에 살아 숨 쉬고 있는 책은 독자에게 강요도 하지 않는다. 독자로 하여금 생각하게 하는 여백을 남긴다.

  이 세상의 수많은 삶의 모습에 정답이란 존재하지 않는다. 나는 곧 성인이 되는 자녀를 위해 인생의 해답을 제시하는 책을 쓰고 싶었다. 이 이야기를 저의 어머니에게 나누었다. 저의 어머니는 담담하지만 강경한 어조로 세상에 수많은 삶의 모습이 있는데, 어떻게 하나의 해답지를 제시할 수 있겠냐고 반문하셨다. 나는 제가 쓸 책을 지지하지 않으시는 어머니의 반응에 낙담했다. 이성적으로 곰곰이 생각해 보니 어머니의 말씀이 맞았다. 세상에 정답을 제시할 수 있는 책은 없다. 그저 독자가 자신만의 정답을 찾아가도록 물음표를 던질 수 있을 뿐이다.

작가가 좋은 비유나 은유 표현을 쓰면 저절로 좋은 물음이 생겨난다. 독자는 저절로 생각에 잠긴다. 자신 스스로 책을 읽으면서 잠시 생각하는 시간을 갖는다. 작가의 표현이 자신에게 어떤 의미인지를 생각해 본다. 조 모란은《단어 옆에 서기》에서 작가의 임무는 절대적 진리를 다이아몬드처럼 깎는 게 아니라 대화를 촉발시키는 데 있다고 했다. 책을 통해 작가와 독자 간의 대화가 일어난다. 독자와 독자 자신 간의 대화가 일어난다. 독자 자신과 세상과의 대화가 일어난다.

은유는 갑자기 생각해 내려면 쉽지 않다. 일상의 삶 속에서 은유 표현을 만들어내는 연습을 하면 좋다. 그 방법은 원관념을 보조관념으로 만드는 훈련으로 된다. 원관념이란 실제 표현하고자 하는 실체이다. 보조관념은 원관념의 분위기가 드러나도록 도와준다.

예를 들어, 원 관념인 '마음'을 보조관념인 '호수'에 대입하면 마음이 넓고 평온하다는 것을 간결하게 표현한 것이 된다.

삶은? 사랑은? 관계는? 학교는? 직업은? 고통은? 질병은? 말은? 등의 설명하기 어려운 개념들을 주변에서 찾아볼 수 있는 쉬운 단어로 대체해 보조관념을 만들면 그 은유가 독자의 마음에 파문이 일어난다. 은유로 발생한 독자 마음의 균열은 독자에게 생각의 여백을 선사한다.

6 고개를 끄덕이게 만들어라

독자의 동의를 얻어라

책은 독자의 동의를 얻어야 살아남는다. 독자가 고개를 끄덕이며 글에 공감할 때, 비로소 책은 독자의 마음에 자리 잡는다. 그렇지 않으면 책은 단지 지나가는 정보에 불과하다. 독자의 소중한 시간과 비용을 아껴주기 위해서는 독자가 납득할 수 있어야 한다. 독자가 이 책 읽기를 잘했다고 해야 한다.

독자의 동의를 얻는 최적의 방법은 책이 한 주제를 향해 명확하게 쓰여야 한다. 문장과 문장, 문단과 문단, 소제목과 소제목 간의 연결이 긴밀해야 한다. 즉, 설명과 논증이 잘 적확하게 연결돼야 한다. 논증은 '견해를 밝히다, 드러내 보이다'라는 뜻이 있다. 논증은 의견이나 주장에 대해 옳고 그름을 근거(또는 이유)를 들어 밝히는 일이다.

조셉 윌리엄스, 그레고리 콜롬은 《논증

의 탄생》에서 논증은 독자의 생각이나 행동을 바꿀 수 있는 강력한 방법이라고 한다. 논증은 독자가 스스로 어떻게 행동하거나 생각해야 하는지 결정하게 한다. 논증이란 어떻게 하는지 잘 감이 오지 않는다면 설명과 비교해 볼 수 있다.

설명) 글쓰기는 자신의 감정을 정리하고 스트레스를 해소하는 데 도움이 된다. 하루 동안 있었던 일을 기록하면서 자신이 느낀 감정을 되짚어볼 수 있고, 이를 통해 마음의 흐름을 파악할 수 있다. 또한, 반복되는 생각이나 불안 요소를 글로 표현함으로써 객관적으로 바라보는 힘을 기를 수 있다. 글쓰기는 자신과의 대화를 가능하게 해주는 도구다.

논증) 글쓰기는 단순한 기록을 넘어 정신 건강을 증진하는 효과적인 방법이다. 첫째, 감정을 글로 표현하는 행위는 심리학적으로 '감정의 외재화'라 불리며, 이는 불안과 우울을 완화하는 데 효과가 있다. 둘째, 글쓰기를 꾸준히 실천한 사람들은 그렇지 않은 사람들보다 스트레스 수준이 낮고 자기 인식이 높다는 연구 결과가 있다. 마지막으로, 글쓰기는 자기 성찰을 가능하게 하며, 이는 정서적 회복력과 밀접한 관련이 있다. 따라서 글쓰기는 정신 건강을 위한 실질적이고 검증된 방법이다.

설명은 독자가 '무엇을' 이해하도록 돕고, 논증은 '왜 그렇게 생각해야 하는지'를 설득한다. 설명은 개념을 풀어주는 데 집중하고, 논증은 독자의 판단과 행동을 끌어낸다. 독자를 설득하는 데 초점을 맞춘다. 근거로는 사실, 데이터, 표본, 이야기, 전문가 인용, 통계수치, 책 인용, 드라마 내용, 영화의 내용 등이 사용된다. 두 글이 비슷한데도 한 글은 설명, 또 다른 한 글은 주장하는 논증 글이 되었다.

 논증에서 가장 중요한 것은 주장이다. 주장에는 두 가지 주장이 있다. 한 가지는 실용문제에서 나오는 실용주장이다. 다른 한 가지는 개념문제에서 나오는 개념 주장이다. 실용문제는 말 그대로 독자들이 행동까지 옮겨야 하는 문제이다. 예를 들면 '환경을 보호해야 한다', '대화할 때 말하기보다 듣기가 더 중요하다' 등이다. 개념문제는 독자들이 이해하기만 하면 되는 문제이다. 예를 들어서 '침팬지는 왜 울지 못하는가', '우주의 나이는 얼마나 되었을까'와 같은 문제이다. 자신이 쓰려는 책의 주제에 적합한 주장이 실용주장인지 개념 주장인지를 따져본다.

논리의 다리를 놓아라

우리나라 최고의 아나운서는 손석희이다. 그는 한국 아나운서연합회가 수여하는 한국 아나운서 대상을, 2005년에는 한국방송학회가 수여하는 방송대상을 받았다. 2006년에는 한국 방송 프로듀서들이 선정하는 올해 최고 라디오 진행자로 선정되었고, 같은 해 네티즌들이 뽑은 진실 보도에 힘쓰는 언론인 1위에 뽑혔다. 당시 70%가 넘는 지지율을 보였는데, 2위를 차지한 엄기영 전 MBC 사장은 8.9%에 불과해 손석희의 압도적인 지위를 확인시켰다.

그는 지금도 활발하게 활동을 이어가고 있다. 30년을 학계, 언론계, 시민단체, 네티즌, 정치인들 모두가 우리나라 최고의 언론인으로 인정한다. 손석희 아나운서가 대중의 신뢰를 얻은 이유는 단순한 전달 능력이 아니라, 논리적 사고와 설득력 있는 언어 구사 덕분이다. 이는 논증이 단순한 주장 이상의 힘을 지닌다는 사실을 보여준다.

논리의 다리를 놓는 데 논증을 사용해야 한다. 논증은 감정과 신념 사이를 연결하는 구조물이다. 논증을 펼쳐 나갈 때 가장 중요한 3가지 원칙이 있다. 첫째는 두괄식으로 써야 더 효과적이다. 두괄식 글은 자신의 주장을 먼저 밝히고 그에 대한 근거를 이어서 설명하는 형식이다. 글쓴이의 주장을 파악하는 일보다 그 주장이 얼마나 설득력이 있는지, 다시 말해 논증이 얼마나 성공적인지에 집중할 수 있다. 논문이 미괄식 글쓰기라면 책 쓰기는 두괄식 글쓰기다. 두괄식으로 쓴다는 말은 논증으로 다리는 놓는다는 말과 같다. 미괄식 글을 쓰지 않는 것은 논증 형식이 아니라 설명 형식의 글이기 때문이다.

둘째는 강한 논증으로 구성해야 한다. 강한 논증이 필요한 이유는 논증이 강할수록 더 성공적인 논증이 될 수 있기 때문이다. 여기서 말하는 강한 논증이라는 것은 '무조건, 절대로, 반드시'라는 말을 넣어서 불변의 주장을 하라는 것이 아니다. 주장에 대해서 적절한 이유와 근거를 수집하고 정리해서 무너지지 않는 촘촘한 논리를 만들라는 것이다. 촘촘한 논리를 세울 때, 독자가 작가의 생각을 잘 따라올 수 있다.

셋째는 반론을 고려해야 한다. 반론을 고려한다는 것은 매우 예리한 누군가의 문제 제기에 답하는 일이다. 좋은 논증적 글이 되기 위해서는 반대 관점에 맞서 자신을 얼마나 잘 옹호할 수 있는지 보여주어야 한다. 즉 제시될 수 있는 반론에도 불구하고 어떤 이유에서 자신의 견해를 계속 견지할 수 있는지 설명하는 것이다.

흔히 반론을 고려하라고 하면 자신의 주장에 반하는 반대 주장을 검토하는 것으로 생각하기 쉽다. 그러나 이러한 반론의 검토는 실상 자신의 논증을 강화하는 데에는 도움이 되지 못한다. 반론을 고려할 때는 단순히 반대 의견을 나열하는 것이 아니라, 자신의 근거에 대한 반박을 예상하고 이를 논리적으로 대응해야 한다. 이 과정이 논증을 더욱 견고하게 만든다.

끄덕임은 이해에서 시작된다

책 쓰기는 독자의 끄덕임을 고려해 쓰는 것이어야 한다. 작가는 종종 자신이 알고 있는 것을 독자도 알고 있을 것으로 생각하고 넘어가는 경향이 있다. 독자의 이해로 고개를 끄덕일 것이라고 미리 단정하지 않고 독자가 이해할 수 있는 범위의 글을 써야 한다. 과도한 전문적인 용어는 독자의 고개를 갸우뚱하게 만든다. 독자가 고개를 끄덕이기 위해 최대한 풀어쓰거나 묘사로 상황 등을 자세히 설명하는 배려가 있어야 한다.

독자에게 친절해야 한다. 독자가 읽을 때 '이게 무슨 말이야'라는 생각하게 하지 않아야 한다. 글이 쉬우려면 용어 선택이 중요하다. 영어, 한자어, 외래어, 전문적인 용어가 아니라 일상의 용어를 사용해 풀어주어야 한다.

이해가 쉬운 글이란 설명한 뒤 생동감 넘치는 예시를 들어줄 때이다. 일상에서 만날 수 있는 쉬운 사례를 들어 쉽게 이해할 수 있어야 한다. 예시를 들 때, 독자의 언어와 국적 배경에 맞는 예시도 중요하다. 한국 사람에게 미국인의 예시는 알맞지 않다. 현대를 사는 독자에게 1900년대 초의 예시도 맞지 않는다. 현재를 사는 사람들과 소통과 공감할 수 있어야 한다.

독자의 고개를 끄덕이게 하는 글은, 결국 독자의 마음을 움직이는 글이다. 독자가 나도 그런 것을 알고 있다는 눈빛을 보여주어야 한다. 이해에서 그치지 않고 독자의 끄덕임이 결심으로 이어질 수 있도록 더 정교하게 써야 한다.

공감은 논리의 끝이 아니라 시작이다. 책을 쓰는 작가가 독자를 배려할 때, 독자는 이해받고 있다고 느낀다. 이해받고 있다는 느낌은 독자의 마음의 문을 연다. 독자가 책을 읽으며 고개를 끄덕인다는 것은 감정과 이성이 만나는 지점을 발견했다는 의미이다. 공감으로 작가와 독자가 마음으로 하나로 연결해준다.

글의 현재 상황이 왜 그런지 말해주는 글은 신뢰를 얻는다. 막연한 말보다 자세한 설명이 설득력을 만든다. 독자의 질문을 예측하고 답해주는 책 쓰기를 해야 한다. 논증하는 과정은 독자와의 대화다. 독자의 끄덕임은 작가가 독자의 마음을 먼저 걸어간 흔적이다. 작가의 논증은 독자의 이해를 이끌고, 그 이해는 공감으로 이어진다. 공감은 단순한 감정이 아니라, 논리와 마음이 만나는 지점이다. 그 지점에서 독자는 비로소 '이 책을 읽길 잘했다'라고 느낀다.

7 눈물방울이 맺히게 하라

책은 독자의 마음에 공감을 남겨야 한다

책이라는 긴 호흡의 매체를 통해 작가가 원하는 바는 독자의 반응이다. 작가는 독자와의 교감을 원한다. 작가는 자신의 이야기를 독자가 받아들여 주기를 원한다. 작가는 자신의 글 안으로 독자가 들어오기를 초대한다. 그러기 위해서는 꼭 필요한 장치가 있다. 바로 묘사이다. 책 안에 적절하게 들어가 있는 묘사는 독자 마음에 공감의 공간을 만든다.

묘사는 겉으로 드러나는 이미지를 구체적으로 표현하는 것이다. 묘사는 사물의 '어떠함'을 그리는 것으로, 대상의 빛깔, 감촉, 냄새, 소리, 맛 등의 특성을 그림을 그리듯 구체적으로 기술하는 방식이다. 단순히 대상의 특성만 그리는 것이 아니라 인물이나 상황, 행동, 심리 등을 그릴 수 있다.

눈앞에 펼쳐져 있는 것처럼 글로 보여

주기 위해서는 끊임없이 주변을 살피고 자세히 들여다 봐야 한다. 나는 글쓰기 모임을 진행하고 있다. 참여하시는 분들의 글을 읽을 때, 나는 그 상황 한복판에 서 있는 듯한 느낌을 받기도 하고, 인물들에게서 한 발자국 떨어져 그들을 바라보기도 한다. 글을 읽으며 눈물을 쏟아내기도 했고, 내 일처럼 기뻐하기도 한다. 그럴 수 있었던 이유는 글 쓴 사람들이 그때 그 시절, 그 상황에 대한 묘사를 잘했기 때문이다.

그 상황은 어땠는지, 그때 본인의 감정은 어땠는지, 자신을 둘러싼 주변인들은 어땠는지 사실과 감정을 적절히 섞어서 풀어냈기 때문에 읽는 이가 그 감정을 고스란히 느낄 수 있었다.

묘사는 주장을 뒷받침하는 근거인 예시에 사용될 수 있다. 작가 자신의 이야기, 신문이나 방송에서 본 이야기를 재구성할 때 묘사를 사용하면 좋다. 구체적인 삶의 장면이 추상적인 메시지를 살려낸다. 묘사는 독자가 VR 안경을 쓴 것처럼 느끼게 한다. 마치 그 장면 안으로 독자가 들어가 있는 듯한 상상을 하게 한다. 독자는 문장 안의 인물과 대면하고 있는 듯한 느낌도 받게 된다. 이런 생생함은 무미건조한 비문학서에 생기가 돌게 한다. 묘사를 사용함에 있어 주의할 점은 남발하지 않는다는 것이다. 꼭 필요한 부분, 상황과 감정, 인물을 그려야 하는 부분에서 적절하게 묘사를 사용하면 된다.

한 장면이 마음을 흔든다

"인체의 경이로운 시와 꽃, 잎, 열매에서 뿜어져 나오는 선과 색채의 음악은 우리의 눈과 미각을 가르치는 가장 분명한 스승입니다."

체코의 국민 화가 알폰스 무하의 말이다. 아르누보의 태동기부터 쇠퇴기까지 수많은 작품과 디자인을 선보인 아르누보 시대의 대표 화가이다. 무하의 스타일은 그 당시의 화풍에 비해서는 상당히 파격적이었다. 일본의 애니메이션이 무하의 스타일에서 영향을 많이 받았다고 하니 그의 스타일이 전례 없었음을 알 수 있다. 무하의 일러스트를 보면 그가 자연을 얼마나 세밀하게 관찰했는지를 알 수 있다. 터져 나올 것 같은 꽃망울, 신이 한 땀 한 땀 수를 놓은 것 같은 나뭇잎과 꽃잎, 사계절의 찬란한 태양 빛과 해 질 녘의 고즈넉함이 열매에 담겨 있다고 하면 믿을 수 있겠는가. 무하가 자연을 그토록 생생하게 담아낼 수 있었던 이유는, 그가 세상을 '묘사'로 바라보았기 때문이다. 그의 말처럼, 자연은 시와 음악이자 그림이었다. 작가도 마찬가지다. 세상을 감각으로 받아들이고, 그것을 언어로 옮길 때 비로소 독자의 마음을 흔드는 장면이 탄생한다. 그는 자신이 느낄 수 있는 오감을 통해 주변의 모든 사물, 자연으로부터 시와 음악과 그림을 느낀다.

독자의 마음을 뒤흔드는 책에는 적절한 묘사가 사용된다. 묘사는 지루한 문장들 사이에서 독자의 마음을 붙든다. 독자가 그 장면의 한 가운데 서 있는 것처럼 만든다. 묘사는 비단 소설에서만 사용되지 않는다. 인물과 배경, 상황에 사용할 수 있다. 묘사는 소설이나 시가 아닌 비문학 장르에도 사용되어 감초 역할을 톡톡히 해낸다. 묘사는 자칫 단조롭고 건조한 책에 활력을 불어넣어 준다.

한 장면이 마음을 흔드는 이유는, 그 장면이 단순히 보이는 것을 넘어서 마음에 강렬하게 느껴지기 때문이다. 무하가 꽃잎의 결을 따라 붓을 움직였듯, 작가는 단어의 결을 따라 독자의 마음을 어루만진다.

묘사는 단순한 설명이 아니다. 그것은 기억의 촉감이고, 감정의 온도이며, 때로는 잊고 있던 상처를 조용히 건드리는 손길이다. 독자는 그 장면 앞에서 멈춰 선다. 묘사는 독자의 마음을 흔들고, 그 흔들림 속에서 공감이라는 이름의 진동이 일어난다. 바로 그때, 책은 단순한 활자에서 살아 있는 존재로 변한다.

글쓰기 수업에서 나는 사실과 묘사의 차이점을 알려드리기 위해 다음과 같은 예시 문장을 만든다.

사실) 비가 온 후 거리가 젖어 있다.

묘사) 새벽 내내 쏟아졌던 비 덕분에 거리가 반짝거린다. 나무들은 오랜만의 갈증을 해결하고는 한 뼘은 더 자란 듯하다. 가로수 옆으로 분주하게 발걸음을 옮기는 사람들의 얼굴은 밤새 내린 비 때문에 아침잠에서 깨어나기 힘들었다고 말해주고 있지만 이내 청량감이 감도는 시린 공기를 한껏 들이마시고는 비 그친 아침을 온몸으로 맞이한다.

사실을 쓴 문장은 정보 전달은 명확하지만, 감정이나 분위기는 없다. 반면 묘사를 쓴 문장은 시각, 촉각, 감정이 어우러져 있다. 독자는 단순히 '비가 왔구나'가 아니라, 그 아침의 공기와 감정을 함께 느낀다. 독자가 장면 안에 들어간 듯한 느낌이 들게 한다.

묘사는 독자와 깊은 유대감을 만든다

흔히 묘사를 정의할 때, '말하지 말고 보여주라'라고 한다. '슬프다, 기쁘다, 행복하다, 긴장하다' 등의 상태를 직접 쓰면 감동이 덜하다. 그런데 '눈물이 고였다, 가슴이 뛴다, 얼싸안고 빙빙 돌았다, 두 손에 땀이 흥건했다'라고 표현하면 마음 한구석에 눈물 한 방울이 머무른다.

첫째, 독자의 마음에 닿는 가장 직접적인 언어는 묘사이다. 말하지 않고 보여줄 때, 독자는 느낀다. 독자 자신이 겪는 것 같은 느낌을 받는다. 정보 전달이 아니라 감정을 불러오기 때문이다.

독자는 묘사를 통해 한 장면을 보면서 마음이 파동을 일으킨다. 파동이 일어나면 마음 한 켠에서 공감이 시작된다. 묘사된 장면 속에서 독자는 자신의 기억을 발견하고, 그 기억을 통해 타인의 감정까지 받아들인다.

둘째, 묘사는 감각을 깨운다. 시각, 촉각, 후각, 청각, 미각이 문장 속에 녹아들면, 독자는 머릿속이 아니라 몸으로 읽는다. 예를 들어, "그는 늘 피곤했다"라는 문장은 상태를 설명하지만, "그는 퀭한 눈으로 커피가 담긴 텀블러를 찾았다. 의자에 몸을 늘어뜨린 채로, 커피를 한 모금 들이킨다. 식어버린 커피는 입술에 닿기도 전에 쓴맛을 퍼뜨렸다. 카페인 없이는 버티기 힘들다고 느낀다."라는 묘사는 피로의 결을 보여준다. 독자는 그 장면을 상상하는 동시에, 자신의 피로를 떠올린다. 이런 묘사는 단순한 피로를 넘어서, 그 피로가 일상 속에서 어떻게 스며들고 있는지를 보여준다. 독자는 그저 '피곤하구나'라고 이해하는 게 아니라, 그 피로가 얼마나 깊고 반복적인지, 어떤 감각으로 다가오는지를 체험하게 된다. 더불어 '반복되고 누적된 피로에서 벗어나고 싶다. 그러기 위해서 무엇을 어떻게 할 수 있을까?'라는 생각에까지 다다르게 한다.

묘사의 한 장면은 독자의 삶과 겹쳐지고, 공감은 깊어진다. 생각의 여백을 만들어 독자 스스로 생각하게 한다. 독자는 더는 관찰자가 아니다. 샌드라 거스는 《묘사의 힘》에서 묘사를 통해 독자가 수동적인 자세에서 적극적인 자세로 변화됨을 강조한다. "'보여주기'는 독자가 이야기 속의 세계에 적극적으로 참여할 수 있도록 한다. 독자는 묘사된 글을 통해 계속해서 자신이 읽는 내용에 대해 생각하고, 그저 제시된 결론을 수동적으로 받아들이는 대신 무슨 일이 벌어지고 있는지 끊임없이 해석한다. 적극적으로 질문을 던지면서 해답을 찾고 싶은 마음으로 책을 읽기 때문에 독자는 이야기 속의 세계에 사로잡힌 채 계속해서 책장을 넘기게 된다."

셋째, 묘사는 관계를 만든다. 작가는 묘사를 통해 독자를 초대한다. 그 초대는 강요가 아니라 제안이다. 독자는 묘사된 장면을 따라가며 작가의 시선을 공유하고, 그 시선 속에서 감정을 나눈다. 묘사는 작가의 내면을 드러내는 방식이기도 하다. 감정을 직접 말하지 않아도, 묘사를 통해 감정은 전달된다. "그녀는 무기력했다"라는 문장보다, "그녀는 말없이 창밖을 바라보았다. 유리창 너머로 바쁘게 걸어가는 사람들의 그림자가 흘러갔다. 그녀는 천천히 소파 위에 몸을 뉘었다. 소파는 거대한 블랙홀이 되어 그녀의 몸을 한없이 잡아당기는 것 같았다. 이대로 소파라는 늪으로 빠져들어 다시는 헤어나오지 못할 것 같았다. 눈을 감자, 마음이 먼저 가라

앉았다."라는 묘사가 더 많은 것을 말해준다. 독자는 그 떨림을 읽고, 그 안에 담긴 슬픔과 단절을 느낀다.

나태주 시인의 〈풀꽃〉이라는 시에는 "자세히 보아야 예쁘다. 오래 보아야 사랑스럽다. 너도 그렇다."라는 문장이 있다. 이 문장들은 묘사의 힘을 증명해준다. 어떤 상황, 순간이든지 자세히 보고 오래 보면 예쁘고 사랑스럽다. 작가의 시선이 머문 순간을 묘사해 보라. 평범한 하루의 한 장면이 독자의 마음에 오래 남는 특별한 기억이 된다. 그때, 글은 단순한 문장을 넘어, 누군가의 삶에 스며드는 감동이 된다.

8 나를 남겨라

공부가 나를 남긴다

나를 읽으려면 공부해야 한다. 책을 쓰기 위해서도 공부해야 한다. 어떤 책으로 나오는가는 공부 여부에 달려 있다. 책을 쓰면 나를 정확히 안다. 자신이 무엇을 아는지, 무엇을 모르는지를 안다. 그리고 나를 읽게 된다. 읽으면 무엇을 할지 알 수 있다.

　나를 알려면 공부해야 한다. 나를 알지 않고 책을 쓰면 남는 것은 졸저뿐이다. 책만 남기는 것이 아니라 나를 남기기 위해 써야 한다. 앞으로 어떤 책을 쓸 것인지, 책을 쓰면서 나를 알려면 공부해야 한다. 나를 제대로 알고 책을 쓸 때 독자와 연결된 책을 쓸 수 있다.

　공부는 두 가지 목적이 있다. 첫째는 자신을 읽고자 한다. 곧 저자의 마음 읽기다. 저자는 공부를 통해 자신과 그 마음을 읽고 분석할 수 있다. 둘째는 세상과 소통하고자 한다. 세상을 알면 독자가 무엇을 원하는지 알기 시작한다. 그러면 원활한 소통이 된다.

나를 알기 위해 하는 공부, 세상과 소통하기 위해 하는 공부가 나를 남긴다. 책 쓰기는 내가 인생을 어떻게 살았는가를 남긴다. 나를 남기려면 마음공부를 해야 한다. 조윤제는 《다산의 마지막 공부》에서 공부를 잃어버린 마음을 찾는 과정이라고 한다. "공부는 결국 잃어버린 마음을 찾는 과정이다." 저자의 잃어버린 마음을 찾으면 세상에서 나를 남길 수 있다. 우리는 잃어버린 마음 찾기 공부를 해야 한다.

잃어버린 마음을 찾은 뒤 할 것은 나를 다스릴 수 있어야 한다. 나를 다스리기는 힘들다. 안다고 다스릴 수 있는 것은 아니다. 나를 다스리면 공부가 완성된다. 중국 고전 《대학》에 '수신제가 치국평천하 修身齊家 治國平天下'라는 말이 있다. 나라와 천하를 잘 다스리기 위해서는 가장 먼저 자기 몸을 가다듬고 마음을 바로 세우라는 것이다. 나를 세울 때 사회와 국가를 세운다. 나와 세상을 세우려면 먼저 공부를 해야 한다. 공부는 남는다. 공부는 나를 남긴다. 공부는 세상 속에서 나의 자취를 남긴다.

책이 나를 남긴다

책이 나를 남긴다. 내 이름 석 자를 남기는 것이 아니라 내가 어떻게 살았는가를 남긴다. 공부하지 않고 책 쓸 수 없다. 책 쓰기 위한 공부가 나를 존중받을 사람으로 남긴다면 도전할 만하다.

책을 쓰려면 공부해야 한다. 사람들은 재산을 남기기 위해 공부한다. 김승호는 "재산을 지키기 위해 매일 공부한다"라고 말한다. 그는 《돈의 속성》에서 재산을 지키기 위해 여러 사람의 지혜와 정보를 끊임없이 구걸한다고 말한다. "나는 정보를 모으고 구분하고 이해하는 데 많은 시간을 보낸다. 공부와 정보 수집을 게을리 할 수 없다. 자산을 벌고 모으고 관리하는 것에 있어서 나는 누구도 믿지 않는다. 유일하게 나를 믿을 뿐이다. 그러기 위해서 여러 사람의 지혜와 정보를 끊임없이 구걸하는 것이다." 그는 공부를 지혜와 정보를 구걸한다고 말한다. 그는 또한 주식 투자하기 위한 공부가 마치 회사를 경영하듯, 대학 학부 과정을 다니듯, 4년을 공부하라고 말한다. 그가 공부를 강조하는 것은 투자도 치열한 공부 끝에 성공이 나오기 때문이다. 책을 쓴다면 책이 돈이 되도록 공부할 수 있다. 워렌 버핏은 주식을 투자하기 위해 쉼 없이 공부한다. 일론 머스크, 젠슨 황 등 세계적인 기업의 창업자들은 공부한 사람들이다.

둘째, 득음하기 위해 공부해야 한다. 판소리를 하는 사람들이 거치는 과정이 독공(獨工)의 과정이다. 독공이란 판소리 가객들이 득음하기 위해 토굴 또는 폭포 앞에서 하는 발성 수련이다. 다시 말해, 소리꾼이 반드시 거쳐야 할 소리 공부의 기본 과정이다. 소리꾼들은 득음의 경지에 오르기 위해 절차탁마의 갖은 노력을 한다.

셋째, 책을 쓴다면 공부해야 한다. 이상민은 공부를 통해 좋은 책을 쓸 수 있었단다. 그는 《책 쓰기의 정석》에서 그의 공부를 소개한다. "책을 4천 권을 보았고, 다큐멘터리를 4천 편을 보았으며, 제주도에서 여행을 1년간이나 했다. 결국이 모든 공부는 서로 융합하며 지식의 폭발로 이어졌고, 책으로 치면 약 2만 권 이상을 읽은 공력으로 나타나며 좋은 책을 쓰는 것과 연결되었다."

나도 책을 쓰는 공부를 통해 노후에 일할 수 있을 정도는 마련되었다고 생각한다. 재산을 모으고, 독공하기 위해 수련하듯이 책을 쓰기 위해 공부해야 한다. 적어도 세상의 지식을 내 것으로 만들 수 있는 정도의 공부를 해야 한다.

공부하되 오래 계속할 수 있어야 한다. 《중용》에 능구能久라는 말이 있다. 이 단어의 구久는 오래 계속하는 것을 의미한다. 구체적으로 3개월을 뜻한다. 3개월만 무엇이든 꾸준히 하면 본질이 바뀐다는 공자의 가르침이다. 보통 책을 쓰는 기간을 3개월 잡는다. 3개월 동안 공부할 힘을 가지면 한 권의 책을 쓸 수 있다.

프란츠 카프카의 단편 소설 《학술원 보고》에서 원숭이는 인간 사회에 적응하기 위해 공부를 시작한다. 그는 자신의 공부 경험에 대해 알려준다. "그러고서 저는 공부를 했습니다. 신사 여러분, 아, 사람은 어쩔 수 없을 때 공부를 하는 법입니다. 탈출구를 원하면 공부를 하는 거죠. 물불 가리지 않고 공부를 합니다."

책 쓰기도 공부를 하면, 나의 삶의 궤적이 어떤가를 보여준다. 앞으로 세상을 어떻게 살 것인가를 시사한다. 이런 공부는 책이 세상에 나를 남겨준 결과이다.

어떤 책을 남기고 싶은가?

김도사는 《평범한 사람들 1개월 만에 작가로 만드는 책 쓰기 특강》에서 직장인이 책을 써야 하는 5가지 이유를 말한다.

첫째, 언론 인터뷰보다 더 영향력이 크다.
둘째, 대중을 대상으로 책을 출간하게 되면 세상에 자신의 존재감을 드러낼 수 있다.
셋째, 책을 출간하는 순간 자신의 분야에서 전문가로 인정받게 된다.
넷째, 가슴이 뛰기 시작하고 생활에 활력이 생긴다. 다양한 기회들이 생겨난다.

다섯째, 자신의 지식과 경험, 노하우를 책에 담는다면 그 책을 읽은 사람들의 인생이 달라진다.

개인 브랜드 시대에 나를 남기는 것이 책 쓰기다. 수련이 긴 책을 남겨야 한다. 긴 수명의 책을 남겨야 한다. 책은 두 종류이다. 자신에게 맞지만, 수련 시간이 긴 책이 있다. 자신에게 맞지만, 수련 기간이 짧은 책이 있다. 소설은 오랜 시간 수련을 필요로 한다. 웹소설도 큰 차이가 없다. 특히 글쓰기에 남다른 준비를 해야 한다. 에세이, 자서전, 주제 있는 책은 수련 기간이 짧다. 여기서는 수련 기간이 짧은 책 쓰기를 생각하고자 한다.

첫째, 에세이다.

일상의 삶을 글로 표현한 책이다. 하루하루, 사건 사건마다 책의 재료가 된다. 에세이는 독자의 감성과 연결한다. 글 안에 감성을 잘 담는다. 처음 책을 쓰는 사람이 큰 고민 없이 시도할 수 있다.

에세이는 독자와 효과적인 소통 능력을 가져다준다. 내 생각을 타인에게 명확하고 설득력 있게 전달하므로 도전 자체가 즐겁고, 독자 반응에 대한 기대치도 나쁘지 않다. 복잡한 아이디어를 간결하고 이해하기 쉽게 표현할 수 있으면 된다.

둘째, 자서전이다.

자서전은 사람이 긴 인생을 마무리하며 후세를 위해 누구나 써야 할 책이다. 사람마다 한 권 이상의 책을 쓸 수 있는 스토리가 있다는 것은 자서전을 두고 하는 말이다. 인생 자체가 한 권의 책인 것은 누구나 인정한다. 사람은 자신의 인생을 기록으로 남길 책임이 있다. 한 분야에서 30년 전후 일을 했다면 기필코 남겨야 한다. 최근 일본에서 자서전 쓰기 열풍이 불고 있는 것은 좋은 예이다.

자서전을 써야 하는 또 다른 이유는 자신을 정리할 기회를 얻기 때문이다. 삶에서 느끼고 기억할 것, 남기고 싶은 것은 물론 성취감, 실패담, 관계정리, 아픔, 분노 등을 돌아보고 치유하는 기회를 얻는다.

셋째, 주제 있는 책이다. 이런 책은 쓸 수 있는 분야가 무궁무진하다. 문학, 역사, 철학부터 시작해 자신이 믿는 종교, 사업, 직장생활, 전공했거나 관심 있는 분야이다. 주제 있는 책은 저자를 전문가로 만들어준다. 자신의 전문 분야를 대내외적으로 증명하여 강의까지 이어지게 할 수 있다. 주제 있는 책은 저자에게 고급 명함이란 선물까지 안겨 더 신뢰감을 준다.

강사를 초청할 때 요청의 첫 번째 조건이 책을 집필 여부이다. 즉 강연, 컨설팅, 언론 노출 등으로 이어진다. 그리고 강연을 통해 작은 커뮤니티가 형성된다.

현재 강연 활동 중이라면 주제 있는 책 쓰기는 제일 나은 선택이다. 강의할 수 있도록 책 쓰기를 코칭하는 나는 주제 있는 책 쓰기를 권한다.

차별화가 나를 남긴다

책은 저자의 삶이 차별화를 이루었음을 보여준다. 차별화된 삶을 살지 않으면 책 쓰기 어렵기 때문이다. 책 쓴 사람은 쓰지 않은 사람과 이미 차별화를 이루었다. 수많은 문장이 쏟아지는 시대, 독자의 눈은 단 한 줄의 진실을 찾는다는 것은 차별화가 이루어졌다는 것을 말해준다.

자신의 길을 찾은 사람은 차별화를 이룬 사람이다. 다른 사람이 하지 못하는 것을 이룬 사람은 차별화를 이룬 사람이다.

헤르만 헤세의 《데미안》에서 싱클레어는 말한다. "나는 시를 짓기 위해, 설교하기 위해, 그림을 그리기 위해 존재하는 것이 아니었다. 또 다른 어떤 인간이 되라고 존재하는 것이 아니었다. 그 모든 것은 다만 부수적으로 생성된 것이었다. 모든 사람에게 진실한 직분이란 단 한 가지였다. 즉 자기 자신에게로 가는 것, 사람들은 결국 시인 혹은 광인이, 예언가 혹은 범죄자가 될 수도 있었다.

그것은 관심 가질 일이 아니었다. 그런 것은 궁극적으로 중요하지 않았다. 누구나 관심 가져야 할 일은 아무래도 좋은 운명 하나가 아니라 자신의 운명을 찾아내는 것이며, 운명을 자신 속에서 완전히 그리고 굴절 없이 다 살아 내는 일이었다." 이것이 차별화의 본질이다.

 책을 쓴다는 것은 다른 사람과 차별화를 가졌다는 것을 뜻한다. 차별화는 그 사람의 존재를 증명한 것이다. 책으로 자신을 증명하라.

에필로그

 나무에게는 두 번의 생이 있다고 한다. 뿌리를 내리고 곧게 서 있을 때와 목재가 되어 잘리기 위해 옆으로 누웠을 때다. 나무의 삶이 한번밖에 없다고 생각한다면 큰 오산이다. 고다 아야의 《나무》에서는 좋은 목재가 되어 자신의 쓰임을 다 하는 것, 그 사명까지 완수해야만 나무로서의 삶을 마치는 것이라고 말한다.
 사람에게는 몇 번의 생이 있을까? 누구나 알고 있는 것처럼 사람에게는 단 한 번의 생이 있다. 단 한 번의 생이기에 누구나 후회 없는 삶을 꿈꾼다. 인생의 마지막 챕터인 노년기를 보내고 계시는 분들에게 후배들을 위한 조언을 해 달라고 하면 꼭 이 대답이 나온다. "인생을 후회 없이 살라." 이게 말처럼 쉽지가 않다. 인생을 후회 없이 살기 위해서는 돈과 시간과 건강이 필요할 것 같다. 그런데 하고 싶은 일을 마음껏 하면서 살 정도로 재정 상황은 넉넉하지 않다. 평생 집 대출금만 갚아도 그럭저럭 잘 버틴 것 같다.

시간이나 건강도 마찬가지이다. 시간이 있으면 건강이 없고, 건강이 있으면 시간이 없다. 만약 사람이 나무처럼 생전에도 사후에도 후회 없이 쓰임 받을 방법이 있다면 여러분은 무슨 대가를 치르고라도 그 방법을 택할 마음이 있는가?

서 있는 나무처럼, 쓰러진 나무처럼 쓰임 받는 삶을 살기 위해서는 책을 써야 한다. 책 쓰기만이 나무 같은 삶이 되게 해준다. 책을 쓰겠다는 목표를 잡으면 그 삶은 좋은 나무처럼 곧게 뻗는다. 책을 쓰겠다는 사람은 허튼짓을 할 수 없다. 책을 쓰겠다는 사람은 편법을 사용할 수 없다. 자신이 정진하고 싶은 분야를 찾을 것이고, 사람들에게 자신의 책을 통해서 조금이라도 도움을 주겠다는 꿈을 꿀 것이다. 자신의 이름을 걸고 나오는 책은 자신의 이름에 먹칠을 하지 않기 위해서라도 조금이라도 더 나은 글, 조금이라도 더 나은 삶을 위해 노력하게 될 것이다.

책 쓰기는 나를 쓰기다. 자신이 가진 것을 풀어내기 때문이다. 그리고 더 나은 나를 만드는 기회이기 때문이다. 나를 쓰다가 못 써도 쓴 만큼 나를 만드니 도전할 가치가 있다. 내가 경험한 것들, 감정, 지식, 신앙, 정치, 관계, 삶, 희로애락, 상처, 이별, 기쁨

등 모든 것이 책의 재료가 된다. 자신이 가진 것을 책을 통해 나눌 때, 책쓴이도 성장하고 독자도 성장한다. 독자를 향한 사랑이 저자의 잠재력을 깨어나게 한다. 깨어난 저자의 잠재력은 독자에게로 옮겨진다.

책을 쓴다는 것은 자신을 정확히 본다는 것이고, 자신의 한계와 가능성을 동시에 보는 것이다. 왜 책을 쓰려고 하는가, 누구에게 말하고 싶은가를 생각하라. 자기 인식이 잘 된 글은 진정성을 품고 있다. 필력이 좀 약하더라도 진심이 담긴 글은 독자의 마음에 닿는다. 진심이 담긴 글을 쓸 준비가 된 사람이 도전하면 된다.

나무가 비바람을 견뎌내며 태양 빛과 물로만 연명하면서 사계절을 지나 몇십 년, 몇백 년, 심지어 몇천 년까지 그 자세를 흐트러뜨리지 않는 것처럼 사람도 마찬가지다. 자신의 책을 탄생시키기 위해 수많은 유혹을 물리칠 것이다. 힘든 공부와 고독한 사색을 기쁨으로 선택할 것이다. 책을 쓰는 도중 힘이 들어 울고 싶고 다 내려놓고 싶을 때도 있겠지만 견뎌낼 것이다. 인내한 사람만이, 지속한 사람만이 만들어 낼 수 있는 결실이 바로 '책'이다. 그렇게 탄생한 당신의 책은 당신이 삶을 마감한 후에도 여전히 사람들에게 도움을 준다. 뿌리가 뽑히고 반으로 갈라진 나무가 목재로 탄생하는 그 순간처럼 말이다.

82억 명 모두가 단 한 번의 삶을 산다. 그 누구도 다시 태어날 수 없다. 그러나 책을 쓴 사람은 다르다. 책을 쓴 사람은 비록 이 땅에서의 수명이 다해서 육신은 없어졌더라도 그가 남긴 책은 계속 소환된다. 후세의 사람들에게 회자된다. 멋지고 흥분되는 일 아닌가? 내가 없더라도 나의 책이 나를 대신해서 두 번째, 세 번째 삶을 산다고 생각해 보라. 당신의 생각이 독자에 의해 재탄생되는 것이다. 마치 장기이식을 통해 새로운 삶을 살게 되는 것처럼 말이다. 책 쓰기를 통해 나무처럼 두 번의 삶을 살자!

니코스 카잔차키스의 《그리스인 조르바》에서 조르바가 우리에게 일침을 날린다. "일 반, 잡담 반, 죄악 반, 선행 반, 이런 식으로 적당히 해치우는 게 오늘날 이 세상을 이 지경으로 망쳐놨죠…인간들아, 그만하면 충분히 됐으니 이젠 끝까지 밀어붙여라! 겁내지 말고!"

대충 살아왔다면 대충 살아온 삶에 종지부를 찍자. 적당히 사는 삶이 무미건조하게 느껴진다면 도전하라. 겁내지 말고 책 쓰기에 도전하라!